Money錢

Money錢

存飆股

1次賺進10年股息

簡單3步驟 每次都讓你買在起漲點

林上仁、郭勝 著

Money錢

目錄 contents ....

目錄 contents

大道至簡、存股有方
輕鬆賺年金

————林 上 仁

　　老年化社會、存款低利率、通膨壓力，萬物皆漲，唯有薪水凍漲的年代，上班族每天低吟「心事誰人知？」這時候，如何簡單投資、穩健獲利，成為芸芸眾生的希望，詭譎多變的金融市場，唯一不變的真理就是「變」，投資者要怎樣掌握市場千變萬化的本質，進而看到投資的契機呢？這也是這本書醞釀、完成並付梓的原因，我想跟大家分享如何用簡單的投資方法，獲取長期穩定的報酬，加速達成財富自由的目標。

　　每個投資者在金融市場裡總是不斷想追求確定性，卻經常不理性地高買低賣，殺進殺出，不斷陷入投資虧損的困局，以致傷痕累累飲恨出場，追根究柢就是基本功夫未學透徹，一知半解、一招半式怎能走闖龍蛇雜處的股市呢？所以投資前，第一步要先釐清投資觀念，再來要學習大盤、基本面、技術面、籌碼面等相關實用知識，然後就可學著選擇「存飆股」做長期投資，隨著股票的配息，讓每年被動現金收入迅速增加。

　　存股適合大多數上班族及無法時時看盤的人們，「存飆

股」則可以讓你在短時間內賺到超額的股息，穩健快速累積養老的資金。

適合長期投資的績優股要符合下列幾個要件：①良好的基本面；②配息率高且穩定；③殖利率高、易填息且填息天數短；④選股價低、獲利高的潛力股。

在選存股標的時最好要避開景氣循環股，如鋼鐵、石化、營建、航運等類股，最好選不受景氣影響的民生必需品、公共事業、醫療製藥或政府加持的公共建設股，以及大型龍頭績優股（具有護城河概念為佳），危機入市或股價有大幅拉回時，透過底部的買進訊號買在相對低，一買就賺錢。

除了上述條件，「存飆股」時還須嚴守操作紀律，學會如何找到產業趨勢向上的股票，學會控管資金，學會如何買在起漲點，賣訊出現就要出場，如此一來，方能禁得起投資市場的無情洗禮，才不會成為一個有自信的傻瓜。

每個人進入股市最重要的目標就是「賺到錢」，但要如何成為不敗的贏家呢？2個投資準則要謹記在心：第一，大盤是天，不可逆天行事。在空頭市場執意做多或者在牛市時大肆放空，都是自殺行為，所以學會辨別大盤多空很重要；第二，勤做功課，驗證想法。博覽群書擷取新邏輯、新思維，理論加上

實戰的印證才能訓練出投資的執行力。

成功的投資模式變化多端，運用之妙，存乎一心；投資就如同作戰，一定要有策略，勤做功課才能學會在不同的情境中如何運用好的策略，增加勝率，減少犯錯，並帶來穩定的獲利成長。

每個人的屬性不同，策略的運用也要隨之修正；投資要成功一定要了解自己的屬性，選擇適合你自己的股票投資，價值選股，長期投資為主，聚焦並進行風險控管。

科技是生活，生活就是投資，投資也是一種生活藝術，不要擴張信用，量力而為，以平常心進行投資，有機會常和志同道合者分享正能量的投資心法，共同精進投資技術，期望在充滿不確定、危機重重的金融市場中，每個人都能用簡單的投資方法，獲得長期穩定的報酬，穩健安然地成為投資贏家。

林上仁

化繁為簡
3 步驟學會印鈔、抵抗通膨

——郭　勝

　　我是一位平凡的數學老師，但我為自己開啟財富自由的不平凡人生！

　　曾經，我在股市以短時間賺到了倍數快錢，但有一天，營業員熱心提醒我，郭老師你的股票已轉弱，線型破月線轉空了是否要先調節，我都還信誓旦旦地說：「不用啦！『人家』說還會朝目標價走，現在應該只是甩轎而已。」

　　沒想到，最後的結局是「拿錢贖人」，融資斷頭還要補錢，上班賺的錢都在股市蒸發還辦信貸，感覺人生就像是從雲端跌入谷底。

努力很重要，但「方向正確」更重要！

　　即使如此，遍體鱗傷又痛心至極的我仍選擇不放棄，反而努力自學，大量閱讀、K書，也請教幾位股市投資人，企圖能反敗為勝！我真的很努力了，誰知，幾年過去仍是無法在股市翻轉逆勢。

　　然而，在心底仍存有對股票的一絲絲火苗，在一次的餐會中又被點燃了，我遇見了股票市場的中部傳說──贏家大師林上仁，他也是朋友的大哥。餐會中林老師拍拍我的肩膀，跟我說：「該渡渡有緣人了」。

　　上仁恩師親切又有耐心地教導我，學習觀察股票漲跌的重要關鍵「主力籌碼」，前半年老師幾乎天天花1～2小時，甚至更久的時間，教我如何透過籌碼和型態去研判股票的漲跌走勢，經過幾個月的印證記錄實戰後，不僅翻轉我對股市的觀念，漸漸勝率也提高，更建立籌碼和型態的贏家SOP。老師不藏私教會我實戰印鈔術，對老師的感恩至今仍是與日俱增，沒有當初老師這樣無私傳授我股市印鈔術，就沒有現在的我。站在股市長年實戰贏家的巨人肩膀上學習，資產也一直增加，開啟了我財富自由的不平凡人生。我慶幸自己找對「方向」，跟對了老師！

投資不僅有前（錢）瞻性，也要善盡社會責任。

　　恩師跟我說，在股市不僅僅只賺錢而已，而是要有人生價值，善盡社會責任。所以我將在股市反敗為勝的技術，轉化成這套「化繁為簡的方法」，期盼能幫助更多投資朋友，學到屬於自己的股票印鈔術，並且做善事回饋社會。成就更多人並成為更多人的貴人，做自己的主人也成為別人的貴人。

只要學好這一招，好好賺屬於自己的「存股」、「存飆股」。

抗通膨的最佳利器，就是讓自己的資產增加，股市是讓每個人資產增加的好工具，只要有本事（好方法）、有本錢，就能在股市賺錢，讓自己財富一直增加。

影響股市K線漲跌的因素非常多，我將之化為簡單易懂的視覺化籌碼、型態和KD打勾的3步驟SOP，現今社會大家都非常忙碌，若有一套簡單好學好上手的好方法，不用花太多時間，只要專注學好一招股票印鈔術，這樣是多麼棒，這也是這本書誕生的原因。

在股市中學會賺錢的一招就夠用了！認真學好這一招，等到對的時機再進場就能常賺，無論是「存股」或「存飆股」都適用，你只要選擇自己喜歡的交易模式就可以。

有不少百工百業的朋友，用這招簡單的印鈔SOP改變了自己的人生，在股市中反敗為勝，讓股市變成自己的印鈔機，也讓自己的財富一直增加，衷心期望這本書能開啟你邁向財富自由之路。

郭 勝

吸取他人經驗
讓自己成為最佳飆股

　　投資股票可以無腦傻傻地存？其實每個人的條件都不相同，不是可以原版照抄的。假設你是只有50萬元的小資族，長期存高股息ETF來領股利，就算每年有6%的殖利率，12年後你的50萬元才可以變成100萬元，可以改變人生嗎？那麼用「時間複利」來加持好了，36年後才變成407萬元，看到這裡有點灰心了嗎？

　　如果是有錢的大戶，拿出5,000萬元來存股票，每年領300萬股利確實可以樂活退休。但是資金不多的小資族，重點還是要努力增加報酬率，如果年平均報酬率可以達到12%，6年後，你的50萬元將成長為100萬元，36年後會有將近3,000萬元，是不是開心多了呢？

　　增加報酬率表面上看起來很簡單，實際操作卻是有一定的難度的。首先要挑到產業趨勢向上的股票，再經由籌碼、技術指標、大盤趨勢……多方面的判斷後，希望可以在適當的時機買進飆股，然後耐心持有一個波段，在最肥美的時機獲利了

結。就像我在年輕時存了台積電（2330），抱到現在就享受了不錯的報酬率。

　　不過要先講一句良心話，我存台積電也是靠著一點點的運氣，加上我不斷地學習，持續增加我判斷股票的功力。股市是一隻金雞母，很多人都想在股海中提款，但是你有想過誰是別人的提款機嗎？股海在走，知識真的要有，當你打算投入數十、數百萬元進入股市中，為何不先花個幾百元買書？當你急著在網路中尋找明牌，為何不先讀書來增加自己的知識呢？網路上充斥著許多的假消息，唯有增加自己的知識，才不會被當成韭菜來收割。

　　很高興可以在這邊分享這本新書，作者根據其多年的實戰經驗，分析出傳統存股票的優缺點，強調從產業趨勢中選出飆股，在危機時入市、讓你的獲利加倍。書中詳細講解飆股的DNA，並從主力、籌碼、技術分析等角度切入，再藉由存飆股的實戰操作，讓讀者增加選股的功力。

　　想要在股海中淘金，知識才會是你最佳的盟友；靠山山倒、靠人人跑，靠自己最好。你才是自己最好的飆股，多閱讀、多吸收前人的經驗，才是真正的贏在起跑點上。

不敗教主　陳重銘

第1章

存股新觀念
穩穩賺就是慢！

1-1
跟著一窩蜂存股
真的適合你嗎？

如果可能，每個人都想要提早財務自由，想達成這個目標就要付出努力，並學習正確的理財方法，本書最核心的宗旨，就是要用簡單易學的方式，教導投資人如何加快速度達成財務自由。

存股是近 10 年來的投資顯學，大街小巷隨處問問，只要是有開戶投資的股民們，每個人都聽過存股，坊間關於存股的書籍更是汗牛充棟，甚至 Meta（臉書）、Line 等社群媒體也都有不少存股社團。

為什麼存股這些年來會這麼熱門？因為存股是一種非常簡單易懂的方法，長期下來又很有機會達成投資理財目標。

基本上，手上沒有太多現金的人，可以利用每個月的薪水等現金流，把其中一部分資金以定期定額的方式存股。至於手上現金比較充足的投資人，則可以在一定期間內分批投入（通常是越低越買）。

中華電股利穩健 股價波動很無趣

然而，存股雖然有它的優勢，卻也有一定的限制。舉例來說，被存股投資人視為「神主牌」的中華電（2412），無人不知曉，即便是遇到類似 2008 年金融海嘯的重大利空再度來襲，像中華電這類財務穩健、產業成熟的公司，要倒閉的可能性是微乎其微。

對於存股投資人而言，中華電近 10 年來每年配發的現金股利算是相當穩健（見圖表 1-1-1），股息最高的 2015 年每股配發 5.49 元，最低的 2019 年每股也還有 4.23 元的現金股利。10 年來，中華電的現金殖利率平均有 4% 的水準，不僅優於整體上市櫃公司，也遠遠大於 1 年期定存利率。

不過，這類股票的股價每年表現非常「牛皮」，也就是波動幅度相當小，以中華電 2017 ~ 2021 年的股價為例，

　　2020 年因為全球新冠疫情蔓延，中華電在 3 月時股價最低來
到 103 元，接著反彈上漲，最高一度來到 117 元，但全年高
低價差不過 14 元，這還是近 5 年波動最大的 1 年。

　　如果是 2019 年的話，當年度中華電最高價是 114 元，
最低價為 106 元，整年下來股價的高低價差僅僅只有 8 元，
波動幅度連 1 成都不到，被稱為牛皮股當之無愧。從好的方
面看，股價牛皮代表穩定、安全性高，但從另一方面看，這
樣的報酬率有限，需要很長的時間才能達成理財目標。

圖表 1-1-1 ➲ 中華電（2412）近 10 年配息

股利政策										
股利發放年度	股東股利（元／股）							股利總計		填息花費日數	填權花費日數
	現金股利			股票股利			股利合計	現金（億）	股票（千張）		
	盈餘	公積	合計	盈餘	公積	合計					
2022	4.61	0	4.61	0	0	0	4.61	357	0	–	–
2021	4.31	0	4.31	0	0	0	4.31	334	0	82	–
2020	4.23	0	4.23	0	0	0	4.23	328	0	265	–
2019	4.48	0	4.48	0	0	0	4.48	347	0	38	–
2018	4.8	0	4.8	0	0	0	4.8	372	0	114	–
2017	4.94	0	4.94	0	0	0	4.94	383	0	121	–
2016	5.49	0	5.49	0	0	0	5.49	426	0	1,365	–
2015	4.86	0	4.86	0	0	0	4.86	377	0	14	–
2014	2.39	2.14	4.53	0	0	0	4.53	351	0	133	–
2013	4.63	0.72	5.35	0	0	0	5.35	415	0	417	–
2012	5.46	0	5.46	0	0	0	5.46	424	0	53	–

資料來源：Goodinfo! 台灣股市資訊網，2022/4/13

名詞釋義 ....

Goodinfo! 台灣股市資訊網引用資料之名詞釋義如下：

①股利發放年度：指股利發放的年度，以除權息日期為依據，若未發布除權息日期，則以董事會決議日為依據。

②股利所屬期間：指股利來自哪個財報年度。

假設某家公司 2021 年每股盈餘（EPS）為 2 元，預計配發 1.8 元股利，並於 2022 年 7 月 15 日除權息，則股利所屬期間為 2021 年，股利發放年度為 2022 年。

殖利率統計							盈餘分配率統計			
股價年度	股價統計（元）			年均殖利率（%）			股利所屬期間	EPS（元）	盈餘分配率（%）		
	最高	最低	年均	現金	股票	合計			配息	配股	合計
2022	130	114.5	122	3.78	0	3.78	2021	4.61	100	0	100
2021	118.5	108	113	3.82	0	3.82	2020	4.31	99.9	0	99.9
2020	117	103	109	3.87	0	3.87	2019	4.23	99.9	0	99.9
2019	114	106	110	4.06	0	4.06	2018	4.58	97.8	0	97.8
2018	115	104.5	109	4.4	0	4.4	2017	5.01	95.7	0	95.7
2017	111	99.5	104	4.74	0	4.74	2016	5.16	95.8	0	95.8
2016	125.5	97.9	110	5	0	5	2015	5.52	99.4	0	99.4
2015	101	92.1	97.8	4.97	0	4.97	2014	4.98	97.5	0	97.5
2014	96.9	89.8	93	4.86	0	4.86	2013	5.12	88.4	0	88.4
2013	102	90	94.1	5.68	0	5.68	2012	5.25	102	0	102
2012	101	87.5	92.2	5.92	0	5.92	2011	6.04	90.4	0	90.4

贏家觀點

中華電的股票確實很牛皮，但在 2022 年 4 月 27 日再創歷史新高價132.5元，是因為通膨的關係，資金轉進防禦標的所致，可是這種機會應該不多，也算是「機會財」。如果投資者抱持著股價會持續飆漲而追高買進，可能會受傷。

存股或許安全 20 年獲利有限

對於手上資金有限、又不想花動輒 20 年時間「存股」才能達成財務自由的投資人而言，其實有更好的方法可以縮短財富累積時間。是什麼方法呢？答案就是「存飆股」。這裡指的不是每天漲停板的飆股，而是股價相對比較不牛皮、波動較大，且產業趨勢向上的好標的，這樣的股票最適合作為存飆股的標的。

當然傳統存股有一定的優勢，那就是投資人有機會享受到相對穩定的報酬，對於已經退休的投資人，尤其是手上累積了千萬資產的人，接下來要養老就比較沒壓力。人到這個年紀，的確也不適合投資股價比較容易波動的標的，只是前提是，你手上必須有足夠的資產，才可以每年靠著領股息生活。

反過來說，如果你離退休至少還有 10 年、甚至 20 年以

上時間，若只是選擇一些波動有限的電信股、金融股等作為存股標的，可能效率就不是太好。萬一又剛好買在波段高點，還貼息，即使拿到股息，卻賠上價差。

這並不是說存股不好，我認為，存股還是要等待「危機入市」的機會，例如金融海嘯、中美貿易戰、新冠疫情等重大事件發生，造成股市全面性下跌之際，才適合進場存股撿便宜。這樣的話，不但將來股價有大幅回升契機，由於買到的成本相當低，一旦公司獲利恢復穩健，每年配息的殖利率自然較高，這時候資產累積的速度才會快一些。

不過，這樣的速度其實還是不夠快。從圖表 1-1-2 來看，一般投資人想單純靠存股累積千萬財富，以複利 5% 計算，即使一開始（第 1 年）就投入 500 萬元本金，也要 15 年才能存到 1,039 萬元；金額小一點，如果只有 100 萬元本金，在 5% 複利效果下，20 年後資產也僅累積到 265 萬元。

再從另一個角度試算，如果每個月存 2 萬元（何況還有很多人拿不出這麼多錢），1 年存 24 萬元，20 年下來也只有 480 萬元，以每年 5% 的報酬率計算，20 年後，也不過翻成了 833 萬元左右，大約還要再過個 2、3 年繼續存股的日

子，資產才能勉強累積到 1,000 萬元左右。

　　實際上，目前超低利率環境已經持續好幾年，而坊間談的存股，要每年維持 5% 殖利率其實很不容易，因為大盤平均殖利率也才 3% 左右，而且如果買到股價相對高點還可能貼息，要住套房一陣子。

圖表 1-1-2 ⮕ 5% 複利 累積千萬資產的時間

100 萬元本金		200 萬元本金		300 萬元本金		500 萬元本金	
年度	淨值（萬元）	年度	淨值（萬元）	年度	淨值（萬元）	年度	淨值（萬元）
1	105	1	210	1	315	1	525
2	110	2	221	2	331	2	551
3	116	3	232	3	347	3	579
4	122	4	243	4	365	4	608
5	128	5	255	5	383	5	638
6	134	6	268	6	402	6	670
7	141	7	281	7	422	7	704
8	148	8	295	8	443	8	739
9	155	9	310	9	465	9	776
10	163	10	326	10	489	10	814
11	171	11	342	11	513	11	855
12	180	12	359	12	539	12	898
13	189	13	377	13	566	13	943
14	198	14	396	14	594	14	990
15	208	15	416	15	624	15	1,039
16	218	16	437	16	655	16	1,091
17	229	17	458	17	688	17	1,146
18	241	18	481	18	722	18	1,203
19	253	19	505	19	758	19	1,263
20	265	20	531	20	796	20	1,327

存飆股 加快累積資產腳步

此外，即便是已經順利累積到千萬資產的人，假設 1 年領得到 5% 股息，等於 1 個月有 4 萬多塊可供生活花用，考慮通貨膨脹等因素，就算 4 萬元勉強夠花，如果是夫妻兩個人怎麼辦？那不就需要存到 2,000 萬元，才能每年靠著領股息生活？以每個月存 2 萬元的速度來看，要靠存股累積到 2,000 萬元，難度與時間都會大幅提高。

我知道，存股的投資人中有不少人認為，靠著價值型投資的方式，在股價偏離公司應有的價值時「逢低買進」，不但可以放著領息，在股價回到正常價值時還可以賺價差，讓獲利進一步提升。

即使是如此，這樣的速度還是不夠快。

舉例來說，如果你是價值型投資人，而且每次都能幸運買在相對低檔，加上每年靠著存股配息，把現金股利全數再投入，繼續累積資產，若從第 1 年開始投入 100 萬元本金，以每年平均 10% 報酬率來計算，20 年後也只有 673 萬元（見圖表 1-1-3）；若把報酬率拉高到 30%，可以加速在第 9 年存到 1,060 萬元（見圖表 1-1-4）。

同樣的，每個月存 2 萬元、1 年存 24 萬元，以 10% 報酬率來計算，如此也要大約 16 年半的時間，才能夠累積到千萬資產。雖然達成理財目標的時間提前了大約 6 年，但 16

圖表 1-1-3 ➔ 10% 複利 累積千萬資產的時間

100 萬元本金		200 萬元本金		300 萬元本金		500 萬元本金	
年度	淨值（萬元）	年度	淨值（萬元）	年度	淨值（萬元）	年度	淨值（萬元）
1	110	1	220	1	330	1	550
2	121	2	242	2	363	2	605
3	133	3	266	3	399	3	666
4	146	4	293	4	439	4	732
5	161	5	322	5	483	5	805
6	177	6	354	6	531	6	886
7	195	7	390	7	585	7	974
8	214	8	429	8	643	8	1,072
9	236	9	472	9	707	9	1,179
10	259	10	519	10	778	10	1,297
11	285	11	571	11	856	11	1,427
12	314	12	628	12	942	12	1,569
13	345	13	690	13	1,036	13	1,726
14	380	14	759	14	1,139	14	1,899
15	418	15	835	15	1,253	15	2,089
16	459	16	919	16	1,378	16	2,297
17	505	17	1,011	17	1,516	17	2,527
18	556	18	1,112	18	1,668	18	2,780
19	612	19	1,223	19	1,835	19	3,058
20	673	20	1,345	20	2,018	20	3,364

年不可謂不長呀。

　　反過來說，如果轉換成存飆股，把每次波段的報酬率提升到 2、3 成以上呢？舉例來說，如果平均報酬率 24% 左右，

圖表 1-1-4 ⬇ 30% 複利 累積千萬資產的時間

100 萬元本金		200 萬元本金		300 萬元本金		500 萬元本金	
年度	淨值（萬元）	年度	淨值（萬元）	年度	淨值（萬元）	年度	淨值（萬元）
1	130	1	260	1	390	1	650
2	169	2	338	2	507	2	845
3	220	3	439	3	659	3	1,099
4	286	4	571	4	857	4	1,428
5	371	5	743	5	1,114	5	1,856
6	483	6	965	6	1,448	6	2,413
7	627	7	1,255	7	1,882	7	3,137
8	816	8	1,631	8	2,447	8	4,079
9	1,060	9	2,121	9	3,181	9	5,302
10	1,379	10	2,757	10	4,136	10	6,893
11	1,792	11	3,584	11	5,376	11	8,961
12	2,330	12	4,660	12	6,989	12	11,649
13	3,029	13	6,058	13	9,086	13	15,144
14	3,937	14	7,875	14	11,812	14	19,687
15	5,119	15	10,237	15	15,356	15	25,593
16	6,654	16	13,308	16	19,962	16	33,271
17	8,650	17	17,301	17	25,951	17	43,252
18	11,246	18	22,491	18	33,737	18	56,228
19	14,619	19	29,238	19	43,858	19	73,096
20	19,005	20	38,010	20	57,015	20	95,025

圖表 1-1-5 ➡ 50% 複利 累積千萬資產的時間

100 萬元本金		200 萬元本金		300 萬元本金		500 萬元本金	
年度	淨值（萬元）	年度	淨值（萬元）	年度	淨值（萬元）	年度	淨值（萬元）
1	150	1	300	1	450	1	750
2	225	2	450	2	675	2	1,125
3	338	3	675	3	1,013	3	1,688
4	506	4	1,013	4	1,519	4	2,531
5	759	5	1,519	5	2,278	5	3,797
6	1,139	6	2,278	6	3,417	6	5,695
7	1,709	7	3,417	7	5,126	7	8,543
8	2,563	8	5,126	8	7,689	8	12,814
9	3,844	9	7,689	9	11,533	9	19,222
10	5,767	10	11,533	10	17,300	10	28,833
11	8,650	11	17,300	11	25,949	11	43,249
12	12,975	12	25,949	12	38,924	12	64,873
13	19,462	13	38,924	13	58,386	13	97,310
14	29,193	14	58,386	14	87,579	14	145,965
15	43,789	15	87,579	15	131,368	15	218,947
16	65,684	16	131,368	16	197,052	16	328,420
17	98,526	17	197,052	17	295,578	17	492,631
18	147,789	18	295,578	18	443,368	18	738,946
19	221,684	19	443,368	19	665,051	19	1,108,419
20	332,526	20	665,051	20	997,577	20	1,662,628

大約只要 3 次波段操作成功，那麼資產就能夠翻了一番。雖然投資有風險，不可能每次都賺錢，但是只要能維持紀律，贏多賠少、順勢操作，要累積千萬資產，存飆股一定比單純

存股的速度快上許多。

　　總結來說，存股當然是可行的投資方式，適合保守與穩健型的投資人，不過，要靠著傳統存股方式累積資產速度會比較慢，這點從上述提到每個月存 2 萬元的例子可以看得出來，何況一般上班族每個月要擠出 2 萬元來存股，也是有相當難度的事。

　　所以，我們該問的是：有什麼方式比存股累積資產的速度更快，更有效率？這時候我們需要的是存股新觀念，也就是存飆股。至於哪類型股票適合作為「存飆股」的標的，會在後續的內容中做詳細介紹。

贏家觀點

操作股票要沒壓力，生活錢不要拿來買股。沒有一筆閒置資金的人，但有固定收入，也可以每月固定提撥錢到股票的帳戶，讓操作部位逐漸變大，邊存錢邊等待「存飆股」的買訊再進場，即便零股交易也方便，這樣就可以加速資金的累積。有一筆閒置資金者，也都是等到「存飆股」買訊再進場。

1－2
為什麼不該存
富邦金、國泰金？

談到存股，很多人都會想到金融股。說到金融股，2021 年的大贏家一定會提到兩家壽險金控龍頭，國泰金（2882）與富邦金（2881），因為，兩者的波段漲幅都相當可觀，但是，這 2 檔股票是適合存飆股的標的嗎？

可以存的飆股 須符合 3 要件

要談什麼不適合存飆股，就要先來釐清哪些族群與個股適合存飆股。我的原則很簡單，大致可以分為 3 個要件：

要件① 近 10 年配息率 7 成以上

配息率高，代表公司樂意把賺來的錢分紅給股東，對股

東很好。如果公司上市未達 10 年，那麼至少要連續 5 年配息率在 7 成以上，而且配息越穩定越好，如果是每年配息逐漸增加的狀況則更佳。

舉例來說，屬於電子業下游硬體、電子五哥之一的廣達（2382），2011～2020 年，每年現金股利都有 3 元以上的水準，最低是 2017 年每股派發 3.4 元現金股利，最高是 2020 年每股發放 5.2 元現金股利，如果以廣達近 10 年均價約 68 元來看，平均現金殖利率大於 5%，算是對股東非常大方。

在配息率方面，廣達 2016～2020 年每股盈餘分別為 3.93 元、3.73 元、3.92 元、4.14 元、6.57 元，在繳出穩健的獲利成績單的隔年，每股分別配發了 3.5 元、3.4 元、3.55 元、3.7 元、5.2 元的現金股利，每年的配息率都明顯高於 7 成。以獲利豐厚的 2020 年為例，配息率就高達 79%，相當於把近 8 成獲利都發放給股東。

要提醒的是，在這邊可以容忍一種例外情況，那就是 10 年當中有 1 年配息驟減，例如 2008 年金融海嘯來襲，絕大多數公司在 2009 年的配息都大幅度縮水，但這是非戰之罪。

多數符合條件的好公司在大環境穩定之後，也都恢復往年的配息水準，因此，若遇到類似金融海嘯的意外狀況是可以接受的，但是其餘時間公司必須維持高配息率，且配息必須穩健，能夠穩穩成長更好，因為這代表公司越來越賺錢。

要件② 近 3 年股本膨脹幅度 < 10% 更好

股本膨脹幅度小，代表公司不需要靠著盈餘轉增資或是現金增資、可轉債等各種方式來向股東要錢。我的原則就是，

圖表 1-2-1 ➡ 廣達（2382）近 10 年配息

股利發放年度	股東股利（元 / 股）						股利合計	股利總計		填息花費日數	填權花費日數
	現金股利			股票股利				現金（億）	股票（千張）		
	盈餘	公積	合計	盈餘	公積	合計					
2022	6.6	0	6.6	0	0	0	6.6	255	0	–	–
2021	5.2	0	5.2	0	0	0	5.2	201	0	97	–
2020	3.7	0	3.7	0	0	0	3.7	143	0	10	–
2019	3.55	0	3.55	0	0	0	3.55	137	0	67	–
2018	3.4	0	3.4	0	0	0	3.4	131	0	123	–
2017	3.5	0	3.5	0	0	0	3.5	135	0	720	–
2016	3.8	0	3.8	0	0	0	3.8	147	0	36	–
2015	4	0	4	0	0	0	4	155	0	235	–
2014	3.8	0	3.8	0	0	0	3.8	147	0	3	–
2013	4	0	4	0	0	0	4	154	0	55	–
2012	4	0	4	0	0	0	4	154	0	6	–

資料來源：Goodinfo! 台灣股市資訊網，2022/7/6

公司可以多發現金股利給股東，但是儘量不要向股東要錢，這樣通常意謂著公司持續賺錢而且帳上現金充裕。

同樣以廣達為例，從 2009 年以後廣達每年只配發現金股利，除了極少數且比例極低的公積及其他增資狀況外，股本幾乎沒有膨脹問題，從 2013 年開始，廣達的股本就維持在 386.26 億元至今。這樣的例子就是標準股本不膨脹的模範生，不會從股東身上拿錢增資來膨脹股本，反而是每年高

殖利率統計						盈餘分配率統計				
股價年度	股價統計（元）			年均殖利率（%）			股利所屬期間	EPS（元）	盈餘分配率（%）		
	最高	最低	年均	現金	股票	合計			配息	配股	合計
2022	96	85.2	91.9	7.18	0	7.18	2021	8.73	75.6	0	75.6
2021	102	72.5	85.6	6.07	0	6.07	2020	6.57	79.1	0	79.1
2020	85	50.7	70.8	5.23	0	5.23	2019	4.14	89.4	0	89.4
2019	64.9	51.2	58.2	6.1	0	6.1	2018	3.92	90.6	0	90.6
2018	65.2	47	54.3	6.26	0	6.26	2017	3.73	91.2	0	91.2
2017	80	59.2	67.2	5.21	0	5.21	2016	3.93	89.1	0	89.1
2016	69	47.35	58.7	6.47	0	6.47	2015	4.62	82.3	0	82.3
2015	82.5	50.5	67	5.97	0	5.97	2014	4.9	81.6	0	81.6
2014	91	67.6	79.3	4.79	0	4.79	2013	4.84	78.5	0	78.5
2013	71	56.4	64.9	6.16	0	6.16	2012	6.01	66.5	0	66.5
2012	86.4	62.1	73.6	5.43	0	5.43	2011	6.02	66.4	0	66.4

配息率、大方配發現金股利給股東。

要件③ 產業與公司趨勢向上

　　這點應該很容易理解，因為要存飆股，當然要選擇產業趨勢向上的公司，這類公司的股價才會有持續向上的動能。簡單舉例來說，綠能是世界的趨勢，也是我國的能源發展政策，所以能源概念股中若本業是獲利穩定，而且能源轉型成功，未來幾年能增加獲利，這類的公司就是適合

圖表 1-2-2 ➔ 中興電（1513）近 10 年配息

股利發放年度	股利政策										
	股東股利（元／股）						股利合計	股利總計		填息花費日數	填權花費日數
	現金股利			股票股利				現金（億）	股票（千張）		
	盈餘	公積	合計	盈餘	公積	合計					
2022	2.8	0	2.8	0	0	0	2.8	13.3	0	–	–
2021	2.2	0	2.2	0	0	0	2.2	10.5	0	15	–
2020	1.2	0	1.2	0	0	0	1.2	5.04	0	1	–
2019	1	0	1	0	0	0	1	4.2	0	52	–
2018	1	0	1	0	0	0	1	4.2	0	26	–
2017	1	0	1	0	0	0	1	4.2	0	14	–
2016	1	0	1	0	0	0	1	4.2	0	78	–
2015	1.2	0	1.2	0	0	0	1.2	5.04	0	27	–
2014	0.8	0	0.8	0	0	0	0.8	3.84	0	1	–
2013	1	0	1	0	0	0	1	4.8	0	9	–
2012	1	0	1	0	0	0	1	4.8	0	165	–

資料來源：Goodinfo! 台灣股市資訊網，2022/7/6

存飆股的口袋名單之一，中興電（1513）就是符合以上的條件的公司。

從配息來看，中興電近 10 年的年平均配息率逾 70%，而且從 2017 年起，近 5 年的獲利持續成長，配息也跟著成長。是進可攻退可守的股票，也是大家常常聽到的「長線保護短線」。若有大跌的底部訊號出現，將是撿便宜的時機。

股價年度	殖利率統計						盈餘分配率統計				
	股價統計（元）			年均殖利率（%）			股利所屬期間	EPS（元）	盈餘分配率（%）		
	最高	最低	年均	現金	股票	合計			配息	配股	合計
2022	58.9	40.9	49	5.71	0	5.71	2021	4.19	66.8	0	66.8
2021	58.3	39.05	48.4	4.54	0	4.54	2020	3.59	61.3	0	61.3
2020	65.9	19.7	35.4	3.38	0	3.38	2019	1.55	77.2	0	77.2
2019	25	19	20.7	4.82	0	4.82	2018	1.33	75.2	0	75.2
2018	24.7	18.95	20.9	4.79	0	4.79	2017	1.19	84	0	84
2017	24.2	18.7	20.7	4.84	0	4.84	2016	1.22	82	0	82
2016	20.05	16.3	18.1	5.51	0	5.51	2015	1.34	74.6	0	74.6
2015	23.65	15.15	18.8	6.38	0	6.38	2014	1.5	80	0	80
2014	23.15	18.7	20.8	3.85	0	3.85	2013	1.25	64	0	64
2013	24.2	15.5	17.8	5.63	0	5.63	2012	1.09	91.6	0	91.6
2012	17.5	14.7	16.3	6.15	0	6.15	2011	1.22	82	0	82

配息率低 獲利好也不值得存

　　毛利率也是很重要，為什麼存飆股的要件不加上毛利率、股東權益報酬率等企業獲利與財務指標呢？

　　答案很簡單，如果一家公司能夠連續 10 年配息率都維持在 7 成以上，且期間的配息都相當穩定成長，代表這一定是具有競爭力與獲利能力的公司，可以推測公司的各項財務數字也不會差到哪裡去。不過，如果投資人想要多納入一些財務指

圖表 1-2-3 ➔ 富邦金（2881）近 10 年配息

股利政策										
股利發放年度	股東股利（元／股）							股利總計		填息花費日數	填權花費日數
	現金股利			股票股利			股利合計	現金（億）	股票（千張）		
	盈餘	公積	合計	盈餘	公積	合計					
2022	–	–	–	–	–	–	–	–	–	–	–
2021	3	0	3	0	1	1	4	307	1,023	-	–
2020	2	0	2	0	0	0	2	205	0	7	–
2019	2	0	2	0	0	0	2	205	0	85	–
2018	2.3	0	2.3	0	0	0	2.3	235	0	659	–
2017	2	0	2	0	0	0	2	205	0	43	–
2016	2	0	2	0	0	0	2	205	0	13	–
2015	3	0	3	0	0	0	3	307	0	6	–
2014	1.5	0	1.5	0	0	0	1.5	154	0	12	–
2013	1	0	1	0	0	0	1	95.4	0	10	–
2012	1	0	1	0.5	0	0.5	1.5	90.6	453	28	28

資料來源：Goodinfo! 台灣股市資訊網，2022/4/13

　　標來篩選，可以再加上「連續 2 季以上的毛利率都成長」的條件，這代表產品組合優化或是需求增加，帶動產品價格提升，對公司財務當然是正向指標。

　　談完存飆股的 3 個要件，回過頭來看，富邦金與國泰金這兩家金融股獲利排行的常勝軍適合當存飆股的標的嗎？

　　答案是：不適合。這並不是說這兩家公司不好，投資人如果真的想存股也不是不能買，只是就我的存飆股要件來看，

股價年度	殖利率統計						盈餘分配率統計				
	股價統計（元）			年均殖利率（%）			股利所屬期間	EPS（元）	盈餘分配率（%）		
	最高	最低	年均	現金	股票	合計			配息	配股	合計
2022	81.9	70	76.1	–	–	–	–	–	–	–	–
2021	85.7	45.3	68.5	4.38	1.46	5.84	2020	8.54	35.1	11.7	46.8
2020	48	34.85	42.8	4.67	0	4.67	2019	5.46	36.6	0	36.6
2019	47.35	41.1	44.7	4.47	0	4.47	2018	4.52	44.2	0	44.2
2018	55	46.1	50.8	4.53	0	4.53	2017	5.19	44.3	0	44.3
2017	53.4	45.7	48.6	4.12	0	4.12	2016	4.73	42.3	0	42.3
2016	53.7	34.7	41.9	4.77	0	4.77	2015	6.21	32.2	0	32.2
2015	69	44.35	55.7	5.39	0	5.39	2014	5.89	50.9	0	50.9
2014	51.9	38.85	45.4	3.31	0	3.31	2013	3.9	38.5	0	38.5
2013	44.25	34.85	40.7	2.46	0	2.46	2012	3.07	32.6	0	32.6
2012	36.15	27.6	31.6	3.16	1.58	4.74	2011	3.39	29.5	14.7	44.2

這兩家公司的配息率並不符合。

以富邦金來看，2016～2020 年的配息分別為 2 元、2.3 元、2 元、2 元、3 元，穩定度還算高，這 5 年的平均價格大約落在 46 元左右，殖利率大約在 4%、5% 附近，還算過得去。不過，富邦金在這 5 年的獲利，最差的 2018 年每股盈餘也有 4.52 元，配息率不到 5 成，最好的 2020 年每股盈餘則高達 8.54 元，以配息 3 元來看，配息率連 4 成都不到。

圖表 1-2-4 ➔ **國泰金（2882）近 10 年配息**

股利政策										
股利 發放 年度	股東股利（元／股）							股利總計		填息 花費 日數	填權 花費 日數
	現金股利			股票股利			股利 合計	現金 （億）	股票 （千張）		
	盈餘	公積	合計	盈餘	公積	合計					
2022	–	–	–	–	–	–	–	–	–	–	–
2021	2.5	0	2.5	0	0	0	2.5	329	0	36	–
2020	2	0	2	0	0	0	2	263	0	98	–
2019	1.2	0.3	1.5	0	0	0	1.5	188	0	88	–
2018	2.5	0	2.5	0	0	0	2.5	314	0	698	–
2017	2	0	2	0	0	0	2	251	0	8	–
2016	2	0	2	0	0	0	2	251	0	14	–
2015	2	0	2	0	0	0	2	251	0	590	–
2014	1.5	0	1.5	0.5	0	0.5	2	179	598	11	181
2013	0.7	0	0.7	0.68	0	0.68	1.38	74.7	747	3	3
2012	0.5	0	0.5	0.5	0	0.5	1	50.8	508	2	7

資料來源：Goodinfo! 台灣股市資訊網，2022/4/13

　　至於國泰金，近 5 年配息分別為 2 元、2.5 元、1.2 元、
2 元、2.5 元，5 年當中獲利較差的 2016 年每股盈餘 3.79
元，配息率不到 6 成，獲利最好的 2020 年每股盈餘 5.41 元，
配息率也低於 5 成。

　　在產業趨勢方面，2021 年對於這兩家公司來說的確是好
年，但接下來還很難說，倒是前面舉例的中興電，接下來幾
年的獲利可望穩定中成長，產業趨勢比較明確。

殖利率統計							盈餘分配率統計				
股價年度	股價統計（元）			年均殖利率（%）			股利所屬期間	EPS（元）	盈餘分配率（%）		
	最高	最低	年均	現金	股票	合計			配息	配股	合計
2022	68.4	58	63.7	–	–	–	–	–	–	–	–
2021	63.5	39.9	53.4	4.68	0	4.68	2020	5.41	46.2	0	46.2
2020	43.15	33.8	39.8	5.02	0	5.02	2019	4.76	42	0	42
2019	47.25	38.85	42.5	3.53	0	3.53	2018	3.95	38	0	38
2018	56.8	45.9	52.2	4.79	0	4.79	2017	4.47	55.9	0	55.9
2017	56.2	46.05	49.4	4.05	0	4.05	2016	3.79	52.8	0	52.8
2016	50.5	33.6	39.2	5.11	0	5.11	2015	4.58	43.7	0	43.7
2015	56.5	38.6	48.5	4.13	0	4.13	2014	3.93	50.9	0	50.9
2014	54.1	42.1	47.3	3.17	1.06	4.23	2013	3.28	45.7	15.2	61
2013	48.85	31.15	41	1.71	1.65	3.36	2012	1.52	46.2	44.7	90.8
2012	37	27.8	31	1.62	1.62	3.23	2011	1.1	45.5	45.5	90.9

由此可知，在存飆股的要件下，富邦金、國泰金並不符合高配息率，所以不考慮。

股價會波動 危機入市策略才奏效

不只是金融股，市場受歡迎的存股標的還有民生消費股、電信股等，這些當然也都有好公司，部分公司甚至也符合連續 10 年配息率在 7 成以上的條件。但是，進一步觀察可以發現，這類股票的股價波動表現都非常低，波動低代表股價表現穩定，當然適合保守型投資人。

但是，另一方面來說，股價不動代表的也是產業趨勢並非向上，充其量只能說產業趨勢長期穩定，這樣的股票也許

贏家觀點

1. 存飆股的必備 3 條件外，若近 5 年的配息有穩定成長則更好，當然能 100% 填息最好，表示這家公司是成長的。
2. 存飆股的條件也可以加入，殖利率創近 5 年或近 10 年新高，表示股價大跌，但介入時機，後面的章節會詳細介紹買進的方法。
3. 雖然國泰金和富邦金沒符合存飆股的必備 3 條件，但投資朋友可以透過第 3 章的操作心法，找到存飆股標的，並在波段起漲前布局。

符合一般所說的存股條件，但是要有波段的上漲利潤（加速財富累積速度），難度就會比較高，因此，這類股票並不適合列入存飆股的口袋名單當中。

舉例來說，新光集團的新保（9925）獲利與配息都很穩定，配息率也相當高，其他像是中華食（4205）獲利、配息也都算穩健，但是中華食的成交量極低，有時 1 天成交不到 10 張，股價波動也有限。好樂迪（9943）也同樣是績優、高配息標的，但成交量低、股價波動有限。

這些都是存股常見的標的，但是缺乏產業趨勢明顯向上的要件，並不適合作為存飆股的標的。以新保為例，2016 至 2020 年，近 5 年來每年稅後獲利大概在 8、9 億元左右，當中每股盈餘最低是 2019 年的 2.13 元，最高則是 2016 年的 2.55 元，獲利穩定自不在話下。

配息方面，新保在這 5 年當中，除了 2019 年每股配發 1.9 元現金股利以及 0.1 元的股票股利之外，其餘 4 年每年都是配發 2 元現金股利。換算下來，新保這些年來的配息率幾乎都有 8 成以上的水準，是標準的獲利與配息都相當穩定，同時配息率也非常高的好公司。

但是，新保所屬產業並沒有看到趨勢向上的狀況，這點從獲利看不到成長性就可以得到印證。因此，這類股票要有波段賺價差的機會，除非是在新冠疫情、中美貿易戰、金融海嘯等重大事件發生時「危機入市」，才有機會賺到價差，但是這種機會可遇不可求。

2020 年新冠疫情全球蔓延，3 月新保受到大盤重挫影響，股價最低來到 30.5 元，是近年少見的低價，之後新保很

圖表 1-2-5 ➲ 新保（9925）近 10 年配息

股利政策										
股利發放年度	股東股利（元／股）							股利總計		填息花費日數	填權花費日數
	現金股利			股票股利			股利合計	現金（億）	股票（千張）		
	盈餘	公積	合計	盈餘	公積	合計					
2022	2	0	2	0	0	0	2	7.75	0	–	–
2021	2	0	2	0	0	0	2	7.75	0	64	–
2020	1.8	0.1	1.9	0.1	0	0.1	2	7.29	3.84	–	–
2019	1.98	0.02	2	0	0	0	2	7.67	0	423	–
2018	2	0	2	0	0	0	2	7.67	0	111	–
2017	2	0	2	0	0	0	2	7.67	0	27	–
2016	2	0	2	0	0	0	2	7.67	0	–	–
2015	1.9	0	1.9	0	0	0	1.9	7.29	0	64	–
2014	1.8	0	1.8	0.1	0	0.1	1.9	6.84	3.8	–	–
2013	1.8	0	1.8	0	0	0	1.8	6.84	0	100	–
2012	1.7	0	1.7	0	0	0	1.7	6.46	0	19	–

資料來源：Goodinfo! 台灣股市資訊網，2022/4/13

快回到 36 ～ 40 元的區間走勢。如果投資人能在 3 月低點進場，這時持有成本低就是優勢，一來能將每年殖利率從 5% 左右，一舉拉高到接近 7% 水準，另一方面，從此更不必擔心股價受到重大利空的衝擊，因為持有成本實在有夠低。

不過真正的問題在於，類似重大利空的機會實在太少，可能 1 年不到 1 次，即使遇到，投資人也未必有勇氣立刻進場，機會極有可能稍縱即逝。何況，因為這類股票的波動極

殖利率統計							盈餘分配率統計				
股價年度	股價統計（元）			年均殖利率（%）			股利所屬期間	EPS（元）	盈餘分配率（%）		
	最高	最低	年均	現金	股票	合計			配息	配股	合計
2022	40.3	38.95	39.5	5.06	0	5.06	2021	2.5	80	0	80
2021	40	36.65	38.4	5.21	0	5.21	2020	2.31	86.6	0	86.6
2020	38.05	30.5	36.5	5.2	0.27	5.48	2019	2.13	89.2	4.69	93.9
2019	39	36.6	37.8	5.3	0	5.3	2018	2.18	91.7	0	91.7
2018	39.1	32.8	37.1	5.38	0	5.38	2017	2.46	81.3	0	81.3
2017	40.9	37.85	39.3	5.09	0	5.09	2016	2.55	78.4	0	78.4
2016	42.15	37.75	39.9	5.01	0	5.01	2015	2.81	71.2	0	71.2
2015	41.7	32.6	39	4.87	0	4.87	2014	2.71	70.1	0	70.1
2014	43.9	36.5	40.3	4.47	0.25	4.71	2013	2.71	66.4	3.69	70.1
2013	38.85	34.25	36.4	4.95	0	4.95	2012	2.40	72.6	0	72.6
2012	36.75	26.1	30.7	5.54	0	5.54	2011	2.37	71.7	0	71.7

小，同樣遇上這類重大利空，投資人其實可以選擇像台積電（2330）、聯發科（2454）、鴻海（2317）這類具有全球競爭力的好公司，因為這些公司波動幅度大於新保這類存股標的，反彈或回升時，上漲幅度也會比較大。

以鴻海為例，2020 年 3 月新冠疫情造成全球股災之際，鴻海股價最低一度來到 65.7 元，之後不僅大幅回升，2021 年 3 月最高漲到 134.5 元，僅 1 年的時間股價漲幅已經翻了 1 倍。同一時期，新保的股價則是從低點 30.5 元，最高來到 38.25 元，漲幅還不到 3 成。

從鴻海與新保的例子可以看出，危機入市賺錢機率最高，獲利也最豐碩。只是，就算投資人衡量自身可承受風險後，敢在危機時大膽進場，買進傳統存股所著墨的這些標的，因為股價波動性小，反彈幅度也有限，即便持有成本較低，股息殖利率從 5% 提升到 7%，吸引力恐怕也比不上投資具成長性、可波段操作的公司，因為後者遇大波段動輒出現翻倍的獲利行情，這也是「存飆股」的魅力所在。

📝投資筆記

1-3
傻傻存
也要聰明抓住賣出時機

有了存飆股的基本觀念之後，投資人還有一個重要觀念需要在一開始就了解。這個觀念就是「賣出」時機如何判斷？

為什麼要談賣出時機？因為存股和存飆股不同，一個是長期投資的概念，幾乎不需要賣出，但另一個是一種波段操作的概念，此時就要研究什麼狀況下出現賣出訊號，投資人就要考慮賣出。要釐清的是，存飆股的波段操作，不是漫無章法的短線殺進、殺出去拼價差，而是選擇產業趨勢向上、配息穩定成長等條件的個股，以大波段甚至長線操作。

傳統的存股觀念，通常是採取長抱股票的策略，對於股

價的高低起伏通常不會太在意，並且用類似投資基金的方式「定期定額」買進，然後一直等到 10 年、20 年後，再來檢視長期投資的結果。至於存飆股的投資人最好手上有一些本錢，能在黑天鵝事件出現時伺機進場，這樣才有辦法再拉高獲利幅度，簡單來說，存飆股的核心概念之一，就是要在好股票落難時買進。

至於賣出時機呢？因為傳統存股通常是抱著長期投資的心態，所以不太會有賣出時機的問題，除非是到了原來規劃的投資時程，例如 10 年、20 年，存股投資人要將資金放到更穩定的投資工具或是換回現金，以因應退休後的現金需求。

10 年股利 1 次入袋 賣不賣？

另一種情況是，手上某些存股標的出現大幅度上漲，例如上漲 5 成以上，這時候股價漲幅已經超過 10 年的股利總和，有些存股投資人可能會考慮將獲利入袋，另尋其他存股標的。

舉例來說，中鋼（2002）是長年來股東人數名列前茅的公司，不少投資人抱著存股心態持有它，以 2021 年第 1

季均價不到 25 元來看，這段時間進場的投資人，可說是搭上了中鋼近年罕見的超級行情，因為緊接著 2021 年 4 月，中鋼開始一路大漲，到 5 月最高一度來到 46.75 元，漲幅接近 1 倍。

以中鋼 2011 年至 2020 年獲利所配發的現金股利來看（2014 年後中鋼僅配發現金股利，無股票股利），最高是 2011 年每股配發 1.01 元現金股利，最低是 2020 年每股只

圖表 1-3-1 ⇒ 中鋼（2002）近 10 年配息

股利政策										
股利發放年度	股東股利（元／股）							股利總計		填息花費日數	填權花費日數
	現金股利			股票股利			股利合計	現金（億）	股票（千張）		
	盈餘	公積	合計	盈餘	公積	合計					
2022	3.1	0	3.1	0	0	0	3.1	488	0	–	–
2021	0.3	0	0.3	0	0	0	0.3	47.2	0	1	–
2020	0.5	0	0.5	0	0	0	0.5	78.7	0	32	–
2019	1	0	1	0	0	0	1	157	0	341	–
2018	0.88	0	0.88	0	0	0	0.88	138	0	2	–
2017	0.85	0	0.85	0	0	0	0.85	134	0	7	–
2016	0.5	0	0.5	0	0	0	0.5	78.7	0	11	–
2015	1	0	1	0	0	0	1	157	0	319	–
2014	0.7	0	0.7	0.2	0	0.2	0.9	108	309	18	18
2013	0.4	0	0.4	0.1	0	0.1	0.5	61.1	153	3	3
2012	1.01	0	1.01	0.15	0	0.15	1.16	152	226	4	4

資料來源：Goodinfo! 台灣股市資訊網，2022/4/13

配了 0.3 元，10 年下來平均每年每股約配發 0.714 元。

2021 年中鋼從第 1 季的 2 字頭大漲到 4、5 月的 4 字頭，股價大漲超過 20 元，而過去 10 年中鋼累積配發的現金股利不過 7.14 元，存股投資人這時候當然有很大的誘因在 40 元以上高檔賣出中鋼。

然而，中鋼畢竟是比較特殊的案例，因為一般來說，存股投資人所選擇的標的，比較不會是波動較大的景氣循環股，

	殖利率統計						盈餘分配率統計				
股價年度	股價統計（元）			年均殖利率（%）			股利所屬期間	EPS（元）	盈餘分配率（%）		
	最高	最低	年均	現金	股票	合計			配息	配股	合計
2022	40.25	33.25	36.9	8.41	0	8.41	2021	4.02	77.1	0	77.1
2021	46.75	22.95	33.2	0.9	0	0.9	2020	0.05	600	0	600
2020	25.6	18.35	21.2	2.35	0	2.35	2019	0.57	87.7	0	87.7
2019	25.5	22.8	24.2	4.13	0	4.13	2018	1.58	63.3	0	63.3
2018	25.55	23.2	24.2	3.64	0	3.64	2017	1.09	80.7	0	80.7
2017	26.4	23.65	24.9	3.41	0	3.41	2016	1.04	81.7	0	81.7
2016	25.9	17.05	21.8	2.29	0	2.29	2015	0.49	102	0	102
2015	26.75	16.75	22.8	4.39	0	4.39	2014	1.43	70	0	70
2014	27	24.6	25.7	2.72	0.78	3.5	2013	1.05	66.7	19	85.7
2013	28.4	23	25.9	1.55	0.39	1.93	2012	0.39	104	25.8	130
2012	30.9	24	27.6	3.66	0.54	4.2	2011	1.36	74.3	11	85.3

第 1 章

圖表 1-3-2 ⋑ 中鋼（2002）K 線圖

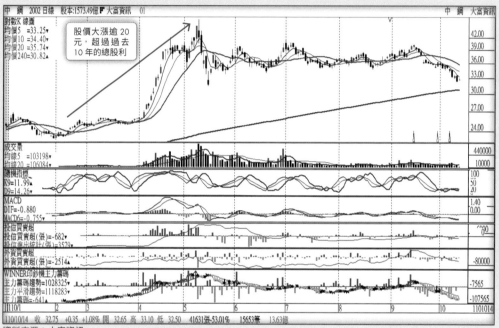

股價大漲逾 20 元，超過過去 10 年的總股利

資料來源：大富資訊

💻 **說明** ⋯⋯⋯⋯⋯⋯⋯⋯⋯⋯⋯⋯⋯⋯⋯⋯⋯⋯⋯⋯⋯⋯⋯⋯⋯

中鋼股價自 2021 年第 1 季的 2 字頭大漲至 4、5 月的 4 字頭，股價大漲超過 20 元，超過過去 10 年累積配發的現金股利 7.14 元。

而是民生消費、電信、公用事業等股價波動極小的產業與標的，這類標的每年高低價差很小，的確適合長期投資，並且在遇到難得一見的重大利空時逢低加碼。

至於存飆股就必須好好探討賣出時機，因為它是一種波段操作的概念，除了在最佳時間點買進之外，更重要的是，在股價高檔出現轉折時漂亮賣出，才是市場真正的贏家。

以下提出 3 個常見的賣出時機，供投資人參考：

▍賣出訊號①：除權息前股價拉高

投資人會發現，即便手上標的平常波動不是太大，但是每年總還是會有動輒 2、3 成以上的高低起伏，甚至有些景氣循環股，上下波動的幅度更大。

在這裡可以提供投資人一個參考，就是在股票除權息前出現相對高點時賣掉，因為多數的大戶、中實戶或是親公司派的持股者，在稅賦等因素考量下，都不喜歡參與除權息。我建議可以在除權息前一段時間，若觀察到高檔有籌碼鬆動（主力、大戶賣出），就可以跟著出賣，接著在除權息後，隨著股價出現修正，再伺機低接回來。

　　比如，一檔股票 50 元買進，除息前全部 100 元賣出，這樣就賺 2 倍；若股價跌到 50 元再連同賺的錢全部買回，當股價再漲回 100 元，這樣主力就賺了 4 倍。只要公司的基本面仍維持強勁的成長，即使除息後拉回，再填息往上走高的機會就大增。主力大戶只要每年這樣除息前高點賣出，拉回低點買進，一直重複這樣操作，就可大賺數倍的財富。所以跟著主力除息前高賣，低點再買回，我們也可以跟著主力一起賺錢。

　　以中美晶（5483）為例，從圖表 1-3-3 可見，在除息前幾天（2022/1/3）股價創了波段新高價，且盤後主力籌碼賣出（位置❶），表示有主力逢高準備賣出股票，所以我們也要做停利減碼，2022 年 1 月 13 日除息日以後，主力籌碼一直持續賣出，股價跟著大幅度拉回。

　　再來看一檔大股本的權值股台達電（2308），從圖表 1-3-4 可見，在除息日前 3 個交易日（2021/7/15）創新高價（最高 335 元）後股價就走弱，除息日後主力籌碼持續賣出，股價便大幅度拉回。

　　台達電股價從 2020 年 3 月下旬（最低價 108.5 元）以來，走了長達 16 個月的多頭走勢，股價大漲近 3 倍，類似

圖表 1-3-3 ⊃ 中美晶（5483）K 線圖

資料來源：大富資訊

💻 **說明** ‧‧‧‧‧‧‧‧‧‧‧‧‧‧‧‧‧‧‧‧‧‧‧‧‧‧‧‧‧‧

1. 除息前幾天（2022/1/3）股價創波段新高價，且盤後主力籌碼賣出（位置❶），表示有主力逢高準備賣出股票，投資人也要做停利減碼。

2. 2022 年 1 月 13 日除息日以後，主力籌碼一直持續賣出，股價跟著大幅度拉回。

3. 主力買超：圖中最下方欄位的紅色柱體。

4. 主力賣超：圖中最下方欄位的灰色柱體。

圖表 1-3-4 ➡ 台達電（2308）K 線圖

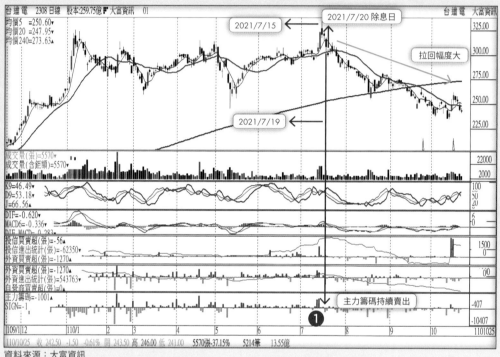

資料來源：大富資訊

💻 **說明** . . . .

1. 除息前股價若已大漲一波段，除息前股價創新高且主力籌碼賣出（如圖表 1-3-3 和圖表 1-3-4），持股宜在除息前賣掉。

2. 除息前股價若已大漲一波段，在創新高後走弱，持股宜在除息前賣掉。

3. 除息後若主力籌碼持續賣出，股價拉回的幅度就大，沒有底部訊號前，別摸底亂搶反彈。

這樣大漲 1 年以上，或大漲後股價的基期墊高的股票，只要除息前幾天有創新高後轉弱的跡象，就要逢高停利賣出。

▍賣出訊號②：股價創新高時主力賣超

股價創新高代表背後有資金動能在推升，通常是多頭強勢的表現，後續應該還有上漲的動力。不過，如果出現股價創新高，卻有主力賣出的痕跡，就要留意可能是主力趁著大環境佳、題材熱度高的時候邊拉抬股價邊出貨。

當然，高檔的賣出訊號除了主力籌碼鬆動之外，通常技術面也會出現賣出訊號，例如，中長黑 K 爆量、高檔連續黑 K 棒等。這些技術面訊號會出現，通常也是因為主力在高檔趁著量大時開始出貨，造成股價開高、收低的黑 K 棒。因此，研判籌碼動向，在股價高檔、創新高時出現主力賣超，就是波段的明顯賣出訊號。

以瑞昱（2379）為例，從圖表 1-3-5 可見，股價在 2022 年 1 月 3 日創近三個半月新高價，創波段新高價的這天收黑 K 且主力籌碼賣出（位置❶），隔天股價又轉弱下跌、破月線，且盤後主力籌碼大賣出，當主力籌碼持續賣出，股

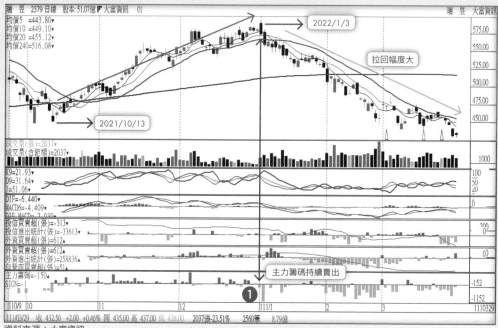

圖表 1-3-5 ➔ 瑞昱（2379）K 線圖

資料來源：大富資訊

💻 **說明** ....

1. 股價創波段新高價後，若有主力籌碼賣出，就要留意之後是否有股價轉弱和主力籌碼持續賣出的跡象。

2. 股價創波段新高價後，若有主力籌碼賣出，就要留意短線股價的拉回整理，當股價創高後，主力籌碼持續賣出且股價破月線，股價的拉回幅度就大，持股就要賣出。

價就大幅度拉回。

▍賣出訊號③：股價大漲後隔天開低走低

K 棒是構成股價走勢的重要參考指標，只要收盤價格高於開盤價格（股價上漲），這時 K 棒的實體部分就是紅色；反之，如果收盤價格低於開盤價格（股價下跌），K 棒的實體部分就是黑色（也有看盤軟體用綠色顯示）。

中長紅 K 棒指的是收盤價格遠遠高於開盤價格，所以 K 棒的實體部分比較長，目前台股每日漲跌幅限制為 10%，投資人可以用 5% 左右的漲幅來定義中長紅，或下跌 5% 來定義中長黑。

如果股票出現中長紅 K 棒的大漲走勢，代表多頭強勢表態，一般而言，隔天股價應該會持續強勢，例如開平走高、開高走高，甚至大幅跳空向上等。然而，如果股價意外出現開低走弱狀況，走勢不如預期，就是短線較為明顯的賣出訊號，投資人可以考慮先落袋為安，等待適當的機會再進場。

以技嘉（2376）為例，從圖表 1-36 可見，2021 年 6

月 18 日技嘉股價大漲、拉出中長紅 K 棒,單日上揚 7.76%,

收在 125 元,頗有挑戰 5 月前高 134.5 元的氣勢,不料隔

日開盤僅開在 123 元,而且開盤後一路走低,終場下跌 5.6%,

以中長黑 K 棒收在 118 元,就是標準的短線賣出訊號。

圖表 1-3-6 ➲ 技嘉（2376）K 線圖

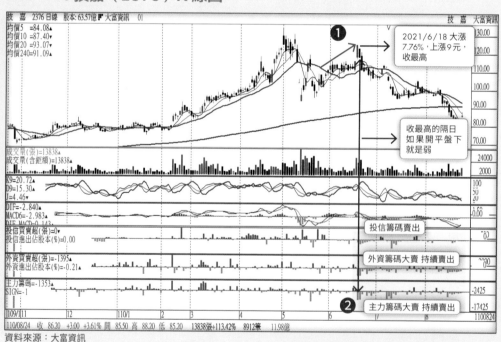

資料來源：大富資訊

　　之後，技嘉開始進入修正整理，一直到 8 月 20 日見到
波段低點 80.5 元才真正止跌築底，如果投資人在 118 元
價位賣出技嘉，落袋為安，這中間就可以避開高達 3 成以
上的跌幅。

💻 **說明** ....

1. 股價大漲收中長紅，隔日主力理當有作價意願，但沒開高卻開低，就是弱。進場成本高者，要先停利賣出。觀察盤後若主力大出、持續賣出，要留意下跌的力道。

2. 2021/6/18 大漲 7.76%，上漲 9 元、收最高。

3. 下一個交易日（2021/6/21）卻開平盤下就是弱，符合標準賣訊，若成本高者，當天有注意到就要先停利。

4. 2021/6/21 盤後主力籌碼轉為大賣（位置❷），而且投信和外資也跟著賣，隔天要適時停利，否則若主力籌碼持續賣出，股價拉回的力道就大。

💻 **標準賣訊** ....

股價創上漲的波段新高（❶箭頭），收中長紅 5% 以上（收盤價收在最高價附近 2 ～ 3 檔）後，隔日開平盤以下。

1-4

存飆股獲利關鍵
找到黃金小勾勾

買賣股票時，除了標的選擇之外，還有一件非常重要的事情常常被忽略，就是到底要用多少比例來進場參與單一標的？所有標的占手上資金的上限又該是幾成？

回答這個問題之前，要先提醒投資人，一般人以為投入股市所用的資金是指，扣除現在手上存的一筆錢，以及每個月薪水須支付的所有日常開銷後，還可以定期加碼的錢，這樣的觀念不能說是錯的，但實際上，我認為要投入股市的資金必須是「閒錢」。

什麼是閒錢？簡單解釋，閒錢就是很長一段時間，都不需要動用到的錢。別忘了，生活當中常常會有單筆，而且是

大筆的固定或意外支出，有些收入較高的家庭，還要考慮每年的綜合所得稅，一般家庭也要考慮過年紅包、旅遊等一次性費用，何況還會有時常不在計劃中的支出。

有鑑於此，我建議投資人，除了生活開銷所需之外，還要保留至少 12 個月的生活費用，這比一般財經專家建議的 3 ～ 6 個月還要多了 1 倍以上，為什麼？因為如此一來，萬一遇到突發性狀況，例如疫情導致家裡財務出現問題，或者是家庭成員有緊急的財務需求，這時手上還有現金可以支應，不至於影響股市投資的部位，操作股票也會比較「有底氣」，不用擔心股市以外的風吹草動，影響個人的投資決策。

接下來，如果手上這筆錢確定是閒錢，那麼看到一檔好股票，可以花多少資金比重買入？全部的持股又該占閒錢多少比例？還是乾脆直接全押下去呢？這些問題可以分以下幾個面向解答，這也是存飆股獲利的關鍵精髓。

關鍵①：持股水位不超過 8 成

我相信存飆股可以加快累積財富，但仍要做好資金配置。我建議，持股水位為這筆閒錢的 7 成，最多不要超過 8 成，

然後可以將這筆錢分成幾等分到不同股票，全部持股數則維持在 3 至 5 檔。

作為投資部位的閒錢，在實際操作時也不能夠百分之百全數投入，要保留 2、3 成以上現金，主要是這樣可以降低投資人的操作壓力，在看錯行情或操作不順時，知道自己手上還有「後援部隊」，可以穩定軍心。

這中間的差別是，如果是百分之百投入，損失金額一定大於只投入 7、8 成資金，一般人都會有「損失趨避」的傾向，一旦虧損對於心理層面的打擊會不小。這時候如果手上持有後援的 3 成以上資金，加上原先虧損小於百分之百投入，心理壓力會比較輕，下一次的操作也比較沒有壓力。

特別要注意的是，這保留的現金部位雖然是「後援部隊」，但並不代表在危急時就要用上，因為操作不順就是不順，較好的策略應該是先行撤出、抽回資金。

關鍵②：分散持有 3 ～ 5 檔個股

確認了持股水位之後，接下來就是談如何分批操作？如果以總持股水位 7 成來看，持有 3 檔個股，那麼每檔占總資

金的比例就是 23%；如果是分成 5 檔，每檔占比就是 14%。特別要注意的是，每檔個股的比重也不是一次就押到滿水位，至少要分 2 次買。

事實上，不論是存飆股或一般存股的投資人，多半是長期投資，在選擇標的時應該要有一些口袋名單，最好實際持股也要分散至數檔，而非單押 1 檔，這樣才會具有分散單一個股風險的作用。

▌關鍵③：分次進場、拉回底部找買點

特別提醒，雖然分散投資、分批進場的原則一樣，但是存股和存飆股的進場方式並不同。存股是以價值型投資方式進場，分批買進的方法是「股價越跌越買」，例如，某股票現在市價 200 元，價格已經低於價值型投資者評估的合理價位，可以先買 2 成，等到 190 元再買 2 成，以此類推，直到 160 元再買最後 2 成。

另一種方式是「股價越跌買越多」，假設某股票現在市價 200 元先買 2 成，等到 180 元再買 3 成，接著到 160 元再買 5 成。

那麼存飆股的分批進場有何不同呢？存飆股也是要在相對低檔時分批買進，通常可以分 2 次買。但是和傳統存股最大的不同，存股是在下跌過程中分批買進，存飆股則是「拉回底部」買，因為預期這類股票（符合存飆股 3 條件，後面章節會詳述）接下來會持續多頭走勢，所以買進時機是在上漲一段拉回整理時的「底部」買。

多頭順勢操作 買高賣更高

再仔細一點說明，和傳統存股相同的是，存飆股也是在股價下跌的時候買，不同的是，這個「底部」是一次比一次高（見圖表 1-4-1），才符合多頭走勢「漲多跌少」的慣性（請記得，存飆股鎖定的是公司、產業前景向上的股票）。

因此，存飆股的分批進場，並不是越跌越買，而是第 2 次進場價位會比第 1 次高，但由於是多頭走勢，以後會有更高的價格可以賣出。

舉例來說，從圖表 1-4-1 可見，2021 年初廣達（2382）季線與半年線開始黃金交叉（短天期均線由下往上穿越長天期均線），月線、季線、半年線、年線呈多頭排列（短天期

圖表 1-4-1 ➲ 廣達（2382）K 線圖

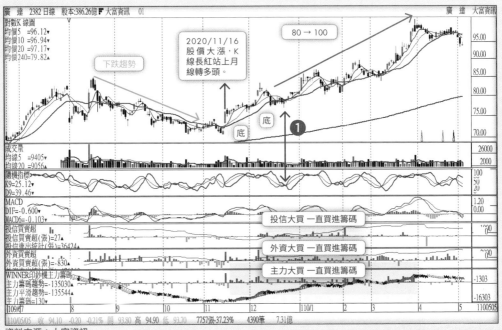

資料來源：大富資訊

💻 **說明** ....

型態自 2020/11/16 轉多頭後，主力、外資、投信籌碼一直買進，股價拉回止跌，底部且 KD 黃金交叉（❶箭頭），要把握買進訊號。

均線在上、長天期均線在下，依序排列），就是一波標準的
多頭走勢。

緊接著，廣達 2021 年 1 月 29 日股價最低 80.7 元，沒
有低於 1 月 20 日的低點 80.2 元，接著 2 天，主力買超且連
續出現紅 K 棒向上攻擊，這附近就是拉回底部買點。接著，3
月 9 日低點 83.8 元，也比前一波低點來得高，之後在 3 月
11 日、12 日主力連續買超，股價連續拉出紅 K 棒，這附近
又是另一次好的進場時機（見圖表 1-4-2）。

兩次的進場平均成本大約在 82、83 元，之後廣達在 3
月底最高一度來到 102 元，接著進入整理，然後在 5 月 3 日
股價跌破月線，視為出場時機，以當天收盤價 96.2 元計算，
波段大約賺了 14 元，3 個月下來的報酬率大約 17%。

投資人有沒有發現，廣達在該期間的走勢完全符合存飆
股的分批進場條件，而且進場時機並不是「越跌越買」，而
是第 2 次進場價位比第 1 次高，只要在多頭走勢，接下來會
有更高的價格可以賣出，就像廣達的賣出訊號出現在 5 月 3
日，賣出的價格明顯高於先前 2 次的進場價位。

圖表 1-4-2 ⇒ 廣達（2382）K 線圖

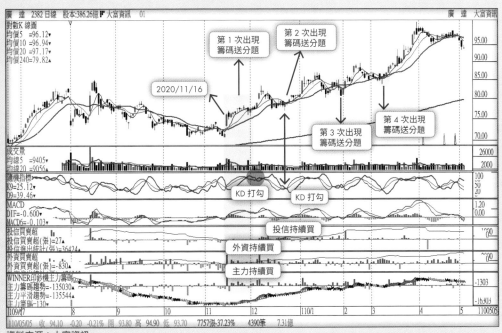

資料來源：大富資訊

💻 **說明** ....

股價上漲後進入整理（上漲後的高檔平台整理或者拉回整理），只要股價整理時，主力籌碼持續買進，若有投信和外資籌碼也持續買進更好，這時要把握整理末端（KD 打勾後，即 K 值由小轉大）的進場機會。

第 2 章

練好基本功
加快財富累積

2-1
存飆股
先看懂大盤行情走勢

　　股市沒有先來後到之分，對於主動型投資人而言，只有持續獲利，贏多賠少，才能在股市屹立不搖。既然要在股市走闖，第一件事當然就是要學習股市的基本知識，練好基本功，本章節將從大盤走勢、基本面、技術面及籌碼面等面向，幫讀者建立投資股票該有的基本知識。

　　談到基本功的第一課，一定要和投資人提到大盤，因為指數就是整個股市的表現，所謂形勢比人強，當大盤強時，多數的股票都是強勢的，也可以說大盤多頭就是「存飆股的溫床」。反之，當大盤轉弱走空時，多數的股票也都會跟著走弱。

了解大盤的重要性，就會知道「不懂大盤，不要去做股票」。首先，來談談大盤在高檔、低檔時，對投資人的意義是什麼？

高檔熱絡行情 正是大戶減碼時機

對於散戶投資人來說，當大盤從低點開始往上攻擊時，多數人還不敢進場，等到大盤上漲到半山腰時，才忍不住想要進場試水溫，一直到股市熱度極高、大盤漲幅已大時，這時候市場充斥著利多消息，投資人就會跟著熱絡氣氛大買特買。

對於市場大戶呢？剛好相反，大戶會在市場氣氛熱絡時開始減碼，而且通常會持續賣，在相對高檔賣完持股後，才可以在低檔時再度進場買股票，這樣的狀況會不斷重複循環，散戶則容易在高檔沉浸於市場樂觀氛圍，甚至還擴大槓桿，忽略了風險控制，結果常常在高檔滿手股票，下跌期間又不甘心停損，最後在相對低檔位置賣光。

為了避免這樣的狀況一再發生，在這裡提醒投資人留意以下幾種情況，只要相關的訊號出現，就要考慮減碼手中的持股部位了：

減碼訊號① 指數或股價創新高

　　2021 年上半年，台股一路持續創下新高，雖然在 5 月一度遇到新冠疫情衝擊出現急速下跌，不過，過了 2 個月之後又再度創下歷史新高，7 月 15 日當天指數最高來到 18,034 點。

　　好景不常，過了幾天指數連續出現 3 根黑 K 棒，失守月線，這一波一路沿著月線上攻的慣性明顯已經遭到破壞，跌破月線後，指數進入一波明顯的修正走勢，一直到了 8 月 20 日才止跌。以 7 月 15 日最高點至 8 月 20 日最低點 16,248 點計算，這波修正了將近 1,800 點 ，大約是 1 成左右的跌幅，不少個股已經出現 2、3 成，甚至更大的修正幅度，見圖表 2-1-1。

投資小辭典 弱勢反彈
當股價跌破月線後反彈不過月線就是弱勢反彈，要留意另一波的轉空大跌段。

贏家觀點
指數或個股只要創新高後再次反彈不過前高，就要留意拉回的力道。

圖表 2-1-1 ➲ 加權指數 K 線圖

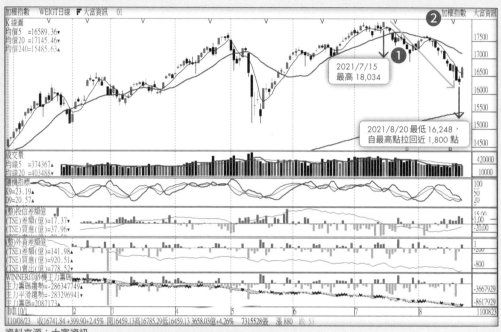

資料來源：大富資訊

💻 **說明** ....

1. 只要指數（股價）創新高後，出現反彈不過最高點（位置❷），要留意再次拉回的力道，尤其若再次破月線更要留意下跌的力道加大。若是破月線後的 弱勢反彈，更要留意拉回的幅度加大。

2. 當破月線後（位置❶）反彈不過月線（位置❷）就是弱勢反彈。留意另一波的轉空大跌段。

💻 **操作** ....

各甲持有者，若股票出現轉弱的賣訊，要適時減碼停利或全部賣出，畢竟覆巢之下無完卵。

減碼訊號② 反彈上漲不過前高

延續前面大盤的例子，從圖表 2-1-2 可見，8 月 20 日見到波段低點 16,248 點之後，指數開始進行一波幅度不算小的反彈，到了 9 月 6 日最高一度來到 17,633 點，這一段雖然只是反彈，但是指數也大漲了接近 1,400 點。

同樣的轉弱狀況又出現了，當大盤反彈過月線、波段漲幅超過千點之後，技術指標 KD 在 9 月 7 日（也就是指數創下這段反彈波段新高點後的隔天），開始出現死亡交叉向下的走勢，指數當然也進入整理，之後轉弱再度失守月線，到了 10 月 5 日才見到波段低點 16,162 點，波段修正又是將近 1,500 點。

贏家觀點

K 線都一樣，無論是大盤（也就是加權指數）或是股票，都是這樣研判，當反彈沒過前高時，就要留意再次拉回的修正，尤其是弱勢反彈不過月線的拉回幅度往往大又快，如圖表 2-1-2 中的❷和❺。

圖表 2-1-2 ➡ 加權指數 K 線圖

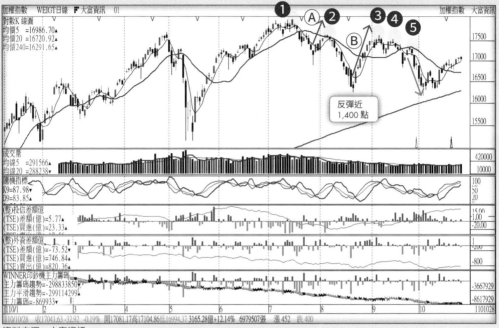

資料來源：大富資訊

💻 **說明** . . . .

當反彈波沒過前高時，就要留意再次拉回的修正，例如：

1. 反彈波Ⓐ段的高點❷小於❶的高點（第 1 次無法過前高）。

2. 反彈波Ⓑ段第 2 次無法過前高（反彈Ⓑ波的高點❸小於❷的高點）。

3. 當這反彈Ⓑ波第 3 次無法過前高時（高點❹小於❸的高點），反彈的力道減弱，要注意大盤的轉弱，並檢視手中持股是否也有轉弱的跡象，適時逢高停利。

4. 當這反彈Ⓑ波第 4 次無法過前高時（高點❺小於❹的高點），因為是破月線的反彈，而且反彈不過月線，屬弱勢反彈，更要留意大幅拉回，持股須精簡。

073

▍大盤轉弱 個股也會受影響

　　除了大盤外，個股在高檔出現的修正訊號，常常也很相似。這裡以封裝測試龍頭、權值股日月光投控（3711）為例（見圖表 2-1-3），日月光在 2021 年 8 月 5 日創下 133.5 元波段高點，之後拉回測試季線，不久後再度上攻，並在 8 月 30 日一度來到 130 元，離前高只剩 3.5 元、不到 3% 的距離。

　　接著，日月光股價不但未再向上推進，而且當 9 月 14 日大盤出現反彈高點（也沒過前高）後，日月光也跟著開始轉弱（見圖表 2-1-3），跟大盤一樣跌破月線之後股價大跌，一路修正到了 10 月 13 日見到 92.2 元才止跌，波段修正幅度將近 3 成之多。

　　從以上的說明可以發現，大盤在急速上漲一波之後，漲勢開始趨緩，發生高檔漲不動的狀況，此時若技術指標如 KD 出現下彎後死亡交叉，當股價破月線非常有可能是波段修正開始的訊號（見圖表 2-1-3 綠色箭頭）。

　　其實，在大盤漲不動、技術指標也轉弱的狀況之下（見圖表 2-1-4），通常投資人也會發現，股票上漲家數明顯變少，

圖表 2-1-3 ⊃ 日月光投控（3711）、加權指數 K 線圖

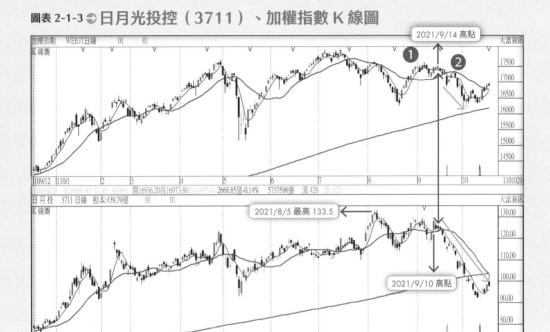

資料來源：大富資訊

💻 **說明** ··

指數反彈不過前高（❷的高點小於❶的高點），轉弱破月線後，大幅修正近 1,400 點。
同時期日月光自 2021/9/10 高點 128 元跌至 92.2 元，大跌 35.8 元，波段修正幅度
近 3 成。

創新高的家數也變少，這當然也是另一種可以作為大盤高檔轉折的警訊參考。

此外，平常自己「勝率高」的進場方式 ，在這種時候通常也會出現勝率降低的狀況，這就代表大盤的多頭慣性正在轉向當中，投資人要特別當心，就算不是全部部位出清，至少也要降低手上持股水位，未來才能夠有多的資金可以再度逢低進場承接。

抓不到低點沒關係 誤判高點風險大

這邊特別要提醒，做股票一定要有「居高思危」的意識，每當嗅到任何蛛絲馬跡，大盤開始漲不動時就要提高警覺，一旦有轉弱跡象，預期大盤將會拉回一段時間，這時候手上的持股最好先部分獲利入袋。

投資人一定要記得，大盤在「低檔」時，害怕或是來不及進場，其實沒什麼大不了，再找下一次進場時機就可以。如果是「高檔」就大大不同，千萬要適時部分或是全部停利，如果個股持有成本高的話，小幅停損也沒關係，萬一沒有跑掉，一旦發生急速拉回，後果會很嚴重。

圖表 2-1-4 ➡ 加權指數（大盤）高檔轉折 K 線圖

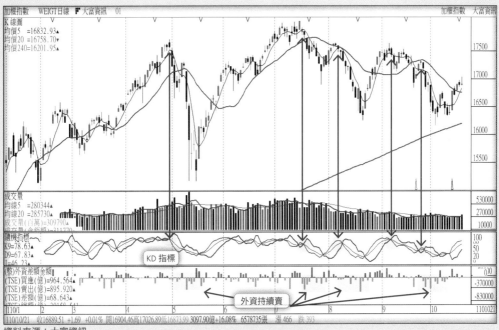

資料來源：大富資訊

💻 **說明** ....

簡單研判大盤高檔轉折和修正力道：

1. 也可以搭配 KD 指標觀察大盤高檔轉折，當 K 線創新高或反彈不過前高時，若 KD 出現下彎或 KD 死叉（藍圈），留意大盤的拉回修正；若外資持續賣超，下跌力道將大。

2. 外資對大盤的影響力大，所以外資的買賣超跟大盤的漲跌高度連動。

贏家觀點

每個人喜好的操作方式不同，有人喜歡做強勢股，有人喜歡做整理過後的股票，無論哪一種進場方式，只要勝率高的進場方式，就是自己的「高勝率」進場方式。

　　投資人可以試想，前面舉過的權值股日月光的例子，連這種大牛股一波修正都可能有 3 成的跌幅，何況是其他中小型的股票，波段修正可能動輒 4、5 成以上，這麼大的跌幅，一般投資人恐怕都吃不消。

　　反過來說，如果大盤已經拉回了一段時間，指數、技術指標都紛紛來到相對低檔的位置，有些股票明顯已經跌不下去，這時候就要注意大盤可能也不會再往下跌，此時應留意底部止跌反彈訊號，包括大盤開盤後走高、上漲股票開始多於下跌股票，以及 KD 等技術指標從低檔黃金交叉向上等（見圖表 2-1-5）。

　　一旦大盤開始由弱轉強，這時候就可以開始找比大盤強勢的標的進場布局，像是技術面強過大盤的個股，例如大盤跌破月線後才轉強、個股卻能守在月線上而且轉強，這樣的技術面表現就是比大盤強。

　　除了技術面之外，籌碼面當然非常重要，就是要主力籌碼買進，投信等籌碼也有買進的股票，可以優先考慮，做自己熟悉的籌碼與型態的股票，等底部訊號逢低進場布局，並做好進出場規劃，隨時做好資金控制。

圖表 2-1-5 ➜ 加權指數（大盤）低檔轉折 K 線圖

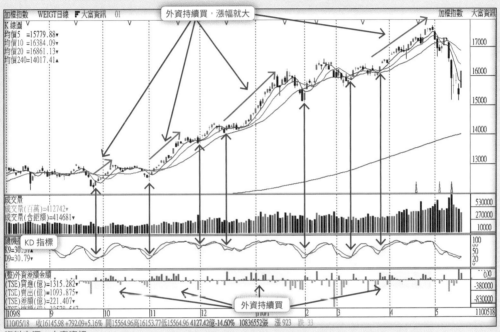

資料來源：大富資訊

💻 **說明** . . . .

簡單研判大盤低檔轉折和上漲力道：

1. 也可以搭配 KD 指標觀察大盤低檔轉折，當 K 線型態拉回整理時，若 KD 出現上彎或 KD 金叉（藍圈），留意大盤的底部或整理將完畢。

2. 若外資持續買超（綠色區域），上漲的力道就大。

3. 外資對大盤的影響力大，所以外資的買賣超跟大盤的漲跌高度連動。

2-2
基本面會說話
但小心是謊話？

談到股票的基本面面向，說複雜的確複雜，不管是財務報表、財務指標、產業趨勢乃至總體經濟數據，甚至是地緣政治等影響，都會影響股市（票）的漲跌。一般人別說是財務報表了，光是毛利率、營業利益率、淨利率、每股盈餘（EPS）、股東權益報酬率（ROE）、資產報酬率、應收帳款週轉率以及存貨週轉率等財務指標，就讓人一個頭兩個大，你說基本面複雜不複雜？

但是在實務上，基本面說簡單也很簡單，其實大原則只有一個——股票趨勢向上，就是有好的基本面，其他種種因素都只是影響基本面表現的小小因子。

原則上，股票要走長多一定要搭配基本面，就是產業與公司的趨勢要向上，再加上如果是熱門題材的話，那就很有機會成為波段的飆股或是主流股。舉例來說，2、3 年前曾經相當熱門的被動元件與矽晶圓等，或是這幾年市場普遍預期會持續熱門的題材如元宇宙、第三代半導體、電動車等，類似題材都曾經或是將持續帶動一波主流股與飆股。

財報數字佳 不代表未來股價會上漲

另外一個重點是，投資人千萬不要以為賺錢的公司股價一定會大漲，賠錢的公司一定會大跌。簡單舉例，投資人可以看看台灣前 50 大權值股，這些公司幾乎都是各行各業當中的龍頭公司，也幾乎都是賺大錢的公司，但是這些公司有每一檔都大漲嗎？

反過來說，一堆生技新藥公司都賠錢，而且短期內也不太可能轉虧為盈，但是這些公司有每一家都大跌嗎？

從上面舉的例子就可以知道，股票漲跌看的不是「現在」是不賺錢或是虧損，而是「未來」會不會比現在好，因此，賺大錢的公司，只要市場預期未來公司會賺得少一些，這家

公司的股價很有可能「現在」就會下跌。

反之,賠錢的公司,只要市場「預期」未來有大訂單或將轉虧為盈等利多,這家公司的股票很有可能現在就會上漲。投資人可能會納悶,怎麼賠錢的公司還能夠大漲特漲,這難道不是基本面在說謊?

基本面其實不會說謊,因為公司公告的財報數字基本上都是真實的,但是未來的數字只能推測,只要未來有夢、有題材,看好其展望的資金就會進場,股價也就跟著起飛,大家要記得股票會漲是看未來性。

對於股票漲跌的大原則有了一定的認識之後,接下來投資人要怎麼利用最簡單的指標,來密切追蹤個股的基本面是否有跟著「預期」走呢?這裡提供營收和獲利這 2 個好用的基本面指標供投資人參考。

營收數字增減 一眼看穿基本面好壞

首先,對於一般公司而言,營收是最簡單也最好用的指標,依照現有規定,上市櫃公司必須在每個月 10 日之前,公告上一個月的營收。投資人可以觀察最新營收公告,有沒有

比前一個月增加？有沒有創下歷年同期新高？有沒有創下歷史新高？月營收若連續創歷史新高的月份越久，股價往往都有可觀的波段漲幅。

基本上，這幾個問題都是在觀察一家公司的業績有沒有如預期地成長。除此之外，還可以觀察這家公司的月營收，有沒有比去年同期成長（例如，今年 9 月和去年 9 月比較，也就是年增率）？成長幅度多少？

和去年同期比較的意義，主要是許多產業有不同的旺季時間，舉例來說，電子股有所謂的聖誕節年底消費旺季，所以上游電子產業快的話，在 9 月、10 月的營收大致會來到年度的高峰，下游電子產業慢的話也會在 11 月、12 月見到高峰，以下游電子產業的公司來看，如果今年 9 月、10 月營收表現比去年 9 月、10 月來得好，代表不是因為旺季因素，而是公司表現真的比去年還好。

投資人還可以進一步比較，這家公司的營收月增率、年增率（和去年同期相比），是否有比同產業的其他公司還要高。通常，成長幅度越大，代表公司營運轉佳的幅度越大，股價也越有表現的空間。

　　舉例來說，晶圓代工大廠聯電（2303）在 2021 年度，元月營收 155.3 億元，比前一個月增加 1.58%，也比前一年度的元月營收 140.91 億元成長 10.21%。通常每年的元月、2 月營收，相比去年同期表現好的話，代表該年很有機會是個好年（因為農曆年工作天數減少，營收能持續走高，比上個月成長實屬不易），成長幅度越大的話，股價的表現也越具有想像空間。

　　聯電從 2021 年元月開始，月營收大致呈現向上成長的趨勢，前 10 個月只有 2 月、4 月、9 月這 3 個月份的營收比前一個月下滑，其他 7 個月營收都比前一個月成長，而且 1～10 月的月營收全數比 2020 年 1～10 月的營收成長，這代表 2021 年對於聯電而言，是個實實在在的好年。

　　聯電 2021 年前 10 個月累計的營收為 1,730.7 億元，和 2020 年前 10 個月累計營收相比，成長了 17.89%。從股價表現來看，聯電 2020 年底的收盤價為 47.15 元，2021 年股價呈現多頭表現，一度在 9 月創下 72 元波段新高價，波段最大漲幅超過 5 成之多。從這裡可以看出，股價上漲幅度往往會大幅超過業績成長的幅度。

圖表 2-2-1 ➡ 聯電（2303）K 線圖

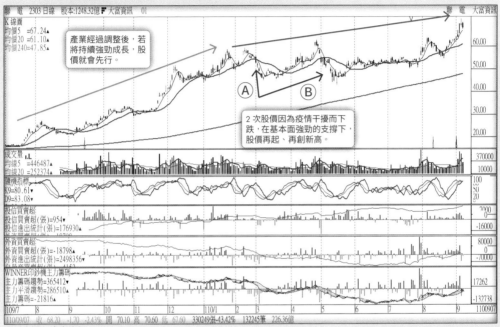

資料來源：大富資訊

💻 **說明** ....

1. 產業經過調整後，持續強勁成長，股價就會先行（橘色箭頭）。

2. 2 次股價因為疫情干擾而下跌（位置Ⓐ、Ⓑ），在基本面強勁的支撐下，股價再起、再創新高。

贏家觀點

當一家公司的基本面（營收）將有大幅成長（見圖表 2-2-2 的營收柱狀圖），股價會先漲一波，等日後營收公布大好時，往往已漲一波了（見圖表 2-2-1 橘色箭頭）。

圖表 2-2-2 ➡ 聯電（2303）營收自 2021 年 1 月持續大幅成長

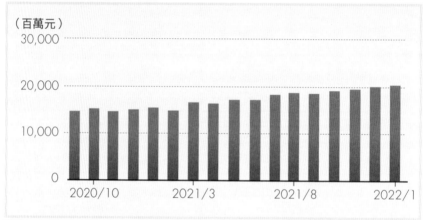

資料來源：CMoney

　　一般而言，這種具基本面的股票，股價下跌時通常會有支撐，若後面的營收仍維持強勁成長，股價拉回後再創新高的機率非常大（如圖表 2-2-1 中Ⓐ、Ⓑ的拉回）。不過投資人也要注意，如果營收連續多個月創下新高，但是股價卻出現漲不動的現象，可能就是營收成長動能已經到頂，要留意未來營收以及股價出現反轉。

▌3 個月檢視一次 獲利比營收重要

第 2 個實用的基本面指標，當然就是看一家公司的獲利狀況。這邊要簡單說明一下，一家公司營收高，不代表一定能賺取高獲利，因為在公司營運過程中一定會產生成本，扣掉成本、稅金等項目以後，才代表公司獲利。也就是說，一家公司的的獲利，永遠小於營收這個數字。

一般來說，除非是成交量、價格等表現異常，遭到證交所或是櫃買中心列為警示股，並且強制公布單月獲利，否則，上市櫃公司的獲利是每 3 個月，也就是每一季會公布一次。

投資人同樣可以觀察，最新的季度財報獲利公告，有沒有比前一個季度增加？增加的比率多少？有沒有創下歷年同期新高？有沒有創下歷史單季新高？是否有比同產業其他公司的成長幅度還要高？成長幅度越大，代表公司營運轉佳的幅度越大，股價也越有表現的空間。

同樣再以聯電為例子，聯電 2021 年第 1 季稅後獲利 104.28 億元，每股盈餘為 0.85 元，第 2 季稅後獲利 119.43 億元，每股盈餘為 0.98 元，到了第 3 季稅後獲利進一步躍升到 174.0 億元，每股盈餘 1.43 元。

聯電 2021 年前 3 季累計稅後獲利高達 398.31 億元，每股盈餘來到 3.26 元，這個數字不僅遠優於 2020 年前 3 季，甚至比 2020 年全年每股盈餘 2.42 元高了 3 成以上。和前幾年聯電年度每股盈餘都在 1 元以下相比較，2021 年聯電的獲利成績是多年來最好的一年。

聯電獲利成長幅度，明顯優於營收成長的幅度，主要是聯電的產品不但賣得好，而且產品漲價幅度還高於成本增加幅度，帶動毛利率大幅度上升，營業利益率也跟著彈跳，整

投資小辭典 毛利率、營業利益率

毛利率：
是指毛利占營業收入的比率。可用來觀察一家公司產品或銷貨成本的變化。當產品或銷貨成本增加，毛利率會下滑；反之，當產品或銷貨成本下降，毛利率會上升。由於每個產業公司的營運和成本不盡相同，因此毛利率的比較，應以同產業為基礎才有意義。

公式 毛利＝營業收入－營業成本
　　　毛利率＝毛利 ÷ 營業收入

營業利益率：
營業利益率包含了產品成本、營業費用。當產品成本和營業費用增加，營業利益率會下滑；反之，當產品成本和營業費用降低，營業利益率會上升。由於每個產業公司的營運和成本不盡相同，因此營業利益率的比較，應以同產業為基礎才有意義。

公式 營業利益率＝（營收－營業成本－營業費用）÷ 營業收入

體獲利成長表現也就更加強勢，這也是帶動聯電股價大漲的重要因素。畢竟，一家公司獲利轉好，且成長幅度越大，市場給予的評價（股價）也能順理成章，跟著水漲船高。

2-3
學技術分析
方法好用 2 招就夠

要看懂別人口中的技術線圖（K線圖），其實並不難，首先，投資人第一件事就是要先了解K棒以及其代表的意義。K棒是由4個交易價格組成，分別是開盤價、收盤價、最高價、最低價，依據這幾個價格的不同排列組合，就會形成長相、顏色各不同的K棒。以日K線圖為例，顧名思義，就是每一個交易日為一個K棒，將多個日K棒放在一起，就成為了一段時間的日K線圖。

開盤與收盤價之間的距離是由實體K棒（柱狀色塊）構成，如果收盤價低於開盤價，就會形成黑K棒，反之，如果收盤價高於開盤價，就會形成紅K棒。一般來說，紅K棒代

表多方勝出，黑 K 棒代表空方勝出，這可以簡單理解為，開盤買進的投資人，到了收盤時是賺是賠（未計算手續費與證交稅的狀況），如果是賺錢，就代表做多的投資人勝出；反之，就是看空的投資人勝出。

當股價開出後一路大幅度走高，終場收在最高，就會形成「長紅 K 棒」，這時候最高價等於收盤價，最低價等於開盤價，是最標準的股價上漲表態。反之，則會形成「長黑 K 棒」，也是標準的股價下跌表態。

要特別注意的是，有一種特殊狀況是股價跳空開低，終場雖然收盤價高於開盤價形成紅 K 棒，但是收盤價仍然低於前一個交易日的收盤價，這時候，對於前一個交易日看多並且選擇在收盤買進的投資人，今天的紅 K 棒仍然讓他處於虧損狀態。

圖表 2-3-1 ➡ 跳空開低 收盤價低於前一日收盤價

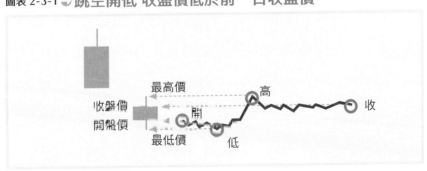

看懂基本 K 棒 抓住強弱訊號

　　除了 K 棒本身的顏色代表不同意義之外，投資人常常會看到 K 棒上或下出現一條垂直的直線，如果這條直線是出現在 K 棒上方，就稱為「上影線」，上影線的最高點就是當天交易的最高價，意思是收盤時股價雖然高於開盤價（上漲），卻沒有收在當天最高點。當最高價和實體 K 棒的距離越大，直線越長，就會形成「長上影線」。

　　反之，如果這條直線是出現在 K 棒下方就稱為「下影線」，這下影線的最低點就是當天交易的最低價，意思是收盤時股價雖然低於開盤價（下跌），卻沒有收在當天最低點。當最低價和實體 K 棒的距離越大，直線越長，就會形成「長下影線」。

　　K 棒除了代表多空、強弱意義之外，不同的 K 棒組合也會有不同的解讀，舉例來說，前一個交易日收了一根黑 K 棒，空方勝出，但是隔天出現一根長紅 K 棒，其長度遠遠大於前一天的黑棒，等於是把前一天的黑 K 棒「吞噬」，這時候形勢就由空轉多了。

　　此外，由一根一根 K 棒連接起來的曲線，就是所謂的「K

圖表 2-3-2 ⊃ 紅 K、黑 K 的組成

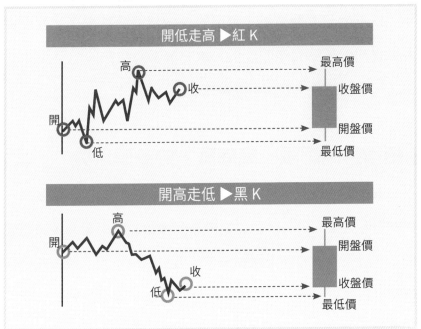

線」，也有不同的組成型態，例如標準由空翻多的 W 底、頭
肩底型態，以及由多翻空的 M 頭形、頭肩頂型態。

　　初學的投資人看到這裡應該已經暈頭轉向了。其實，凡
事簡單就好，投資也不例外。我認為，做股票不用懂很多，
也不用學很多招，因為，不少投資人學了很多招術，卻不知
道什麼時機要用上哪一招，自己把自己搞混，反而賺不到錢。

反之，對於實戰派的人來說，好用的招式一、兩招也就夠了。

以下就分享最簡單、實用的 2 個技術分析招術，教投資人學會判斷多頭和空頭走勢，還記得嗎？存飆股的選股 3 要件之一，就是買進公司、產業趨勢向上的股票。

▍招術①：認識「底底高」的多頭走勢

最近的一個拉回底部，只要來得比上一次的底部還要高，這就是底底高的走勢，也就是標準的多頭形態。至於什麼是底部？一般來說，股價上漲創一波段新高點後拉回，股價拉回在破前一日新低價後，3 天內不再破底，此 K 線型態就是底部。

搭配籌碼更能精準判別拉回底部，大盤拉回底部時有外資籌碼買進，而股票則是拉回底部時有主力籌碼持續買進，就更能確定是底部。

當然，股票見到底部後要有持續上漲的力道，關鍵就是主力籌碼持續買進（大盤就是外資持續買超，見圖表 2-3-4）。

舉例來說，從圖表 2-3-4 可見，大盤在 2020 年 9 月 25 日再次拉回底部後（底 A），就一路維持底底高多頭的上升趨勢，漲至 2021 年 4 月 29 日的最高點 17,709，拉出一段

圖表 2-3-3 ➔ 多頭與空頭型態

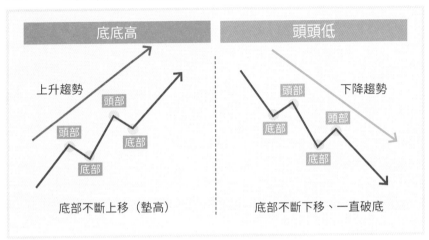

大漲逾 5,500 點的漲幅。

這段大漲的漲幅區間，底部一次比一次墊高，就是標準的底底高型態的多頭走勢（底 A 至底 H）。一直到了 2021年 5 月中旬，國內新冠疫情爆發之後，底底高的型態才暫時遭到破壞。

▍招術②：認識「頭頭低」的空頭走勢

最近的一個頭部（高點），只要來得比上一個頭部還要低，這就是頭頭低的走勢，也就是標準 K 線走弱的下降（空

圖表 2-3-4 ➡ 加權指數 K 線圖

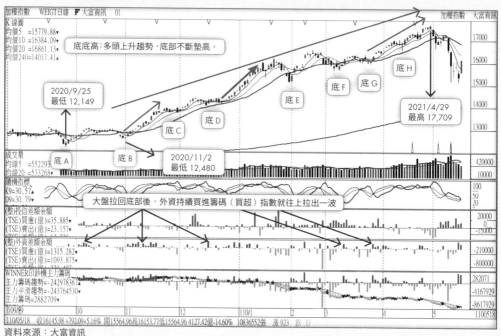

資料來源：大富資訊

💻 說明 ....

1. 多頭上升趨勢，底部不斷墊高即底底高。

2. 大盤拉回底部後，外資持續買進籌碼（即買超，見圖中藍色矩形區域），指數就往
   上拉出一波。

頭）型態。至於什麼是頭部？簡單來說，在一段時間的股價走勢當中，股價創新高後往下拉回，創新高處的高檔區就是所謂的頭部。

搭配籌碼更能精準判別頭部，大盤在創新高後拉回時有外資開始賣出，而股票則是在創新高拉回時有主力開始賣出，就更能確定是頭部。當然，股票見到頭部後，若主力籌碼持續賣出，拉回的力道與幅度就更大，同樣的，大盤見到頭部後，若是外資持續賣超，或一段時間內外資賣超日遠多於買超日，大盤拉回的力道與幅度就更大（見圖表 2-3-5 綠色箭頭）。

舉例來說，從圖表 2-3-5 可見，大盤在 2021 年 7 月 15 創了最高點後（頭 A），就一路維持頭頭低空頭的下降趨勢，跌至 2021 年 10 月 5 日的最低點 16,162，大跌 1,872 點。這段大跌 18,72 點的跌幅區間，頭部一次比一次低，就是標準頭頭低型態的空頭走勢（頭 A 至頭 E）。一直到了 10 月中旬，再次底底高才結束空頭走勢。

從上面的例子可以發現，該段時間的頭頭低走勢，就是大盤偏空的時段，這時候應該要逢高減碼，等待下一次逢低進場的時機。

圖表 2-3-5 ➡ 加權指數 K 線圖

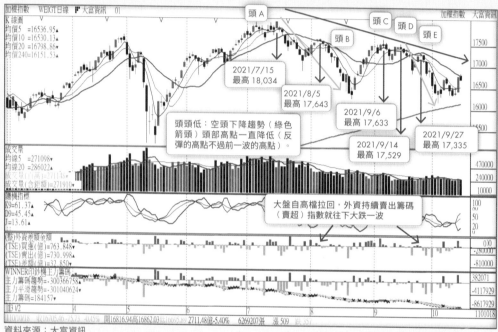

資料來源:大富資訊

💻 **說明** ....

1. 空頭下降趨勢(最上方藍色箭頭),頭部高點一直降低(反彈的高點不過前一波的高點),即頭頭低。

2. 大盤自高檔拉回,外資持續賣出籌碼(即賣超,見圖中藍色矩形區域),指數就往下大跌一波。

　　除了多頭「底底高」、空頭「頭頭低」的判斷方法之外，當然還有一些技術指標可以協助判斷多空，不過一般而言，投資人只要了解這 2 招就夠了。此外，大多數的投資人都是做多，因此投資人更要留意指數或個股走勢，是否能夠維持底底高的多方型態。

　　至於底底高的多方走勢，能不能一路維持下去，除了要密切觀察拉回整理時，指數或股價有沒有跌破前一波低點之外，再來就要看主力與法人籌碼的動作。如果指數或個股再度往上攻擊創新高時，主力與法人籌碼沒有大量賣出跡象，接下來即使出現拉回整理，這樣的拉回應該也不會跌太深，後續再度創新高的機會也較高；反之，則指數或個股就不容易維持底底高的多方走勢，要提防反轉走空的可能性。

2-4
當主力好朋友
跟著錢流賺大波段

無論是針對指數或是任何一檔股票的股價而言,想要屢創新高的最重要關鍵,就是要看主力的籌碼(資金)動向,當主力籌碼站在買方,而且買盤源源不斷之下,指數和股價就會持續走高,此時指數或者是個股股價要明顯拉回,都是不太容易的事。

就大盤指數來說,市場一般認為外資法人是最有能力影響指數漲跌的最大主力,而影響股票漲跌的最重要關鍵則是主力籌碼。

更進階觀察主力籌碼,則是要看特定的券商分點,比如大家耳熟能詳的摩根士丹利、摩根大通、高盛、瑞士信

貸、瑞銀、麥格理、花旗、美銀美林等外資券商分點，而本土券商分點中大家常聽到的有，凱基信義、元大永寧、凱基台北、富邦嘉義等，現在有些本土的主力或公司派，也會到外資券商開戶下單，若在外資券商下單，籌碼顯示就是外資，一般投資人在收盤之後才可以看到這些主力籌碼的買賣超動向。

至於個股方面，由於台股上市櫃 1,700 多家公司的資本額有大有小，因此，各檔股票的主力可能有不同風貌。例如元大台灣 50（0050）的成分股，就是台股當中市值（資本額 ÷10× 股價）最大的 50 家公司，才能夠名列台灣最大50 檔權值股的隊伍裡面。

舉例來說，以 2022 年年初來看，台股前 10 大市值的

投資小辭典 券商分點

券商分點就是券商在全國各地的分公司、分行，例如凱基證券是券商，而凱基證券信義分公司就是券商分點。買賣股票前須先在券商開設帳戶，所有投資人的下單交易都會被記錄下來。只要到台灣證券交易所的「買賣日報表查詢系統」網頁中（bsr.twse.com.tw/bshtm/），在左方空格中輸入股票代碼，即可查詢。

公司當中，包括台塑化（6505）、富邦金（2881）、國泰金（2882）、聯電（2303）等 4 檔股票的股價不到百元，但由於這幾家公司的資本額都相當大，因此市值也就相當大，像是聯電的股本高達 1,248.32 億元，市值接近 8,000 億元（以 2021 年 12 月 13 日收盤價 62.8 元計算，市值 = 1,248.32÷10×62.8 = 7,840 億元）。

資金夠雄厚 才能影響股價漲跌

此外，也有大型股是因為股價相當高，造成市值相當大。舉例來說，名列台股第 2 大權值股的聯發科（2454）資本額只有 159.89 億元，大約只有聯電的八分之一強，但當聯發科的股價在達千元以上時，市值足足是聯電的 2 倍有餘。

為什麼要強調資本額和股價？因為，對於主力來說，想要對一家公司股價有影響力，就要取得夠多的籌碼，一家公司股本越大，代表流通在外的股票越多，就必須用越多白花花的鈔票才能買進足夠的籌碼（買進很多張數的股票），除非是股價非常低的雞蛋水餃股，否則很難大量買進。因此大股本的公司，主力要拉抬就比較沒那麼容易。

同理,如果是股價越高的公司,就算資本額沒有相當大,主力也要花大筆的資金才能買到足夠的籌碼,進而對股價產生影響力,因此,能夠影響高市值(高權值)公司的主力,通常是資金部位相當大的外資法人或大咖的主力。

談完大型股,如果是中小型股呢?一般來說,股本不到50億元,甚至是30億元以下,就會被視為中小型股,因為股本小,籌碼輕盈,主力對股價漲跌就有相對的影響力,主力容易拉抬,所以飆股常常出現在中小型股。

看不懂籌碼和型態的股票 少碰為妙

不過,這裡要特別提醒投資人,雖然許多飆股是從小股本的公司當中脫穎而出,但是若在大漲噴出一個波段行情過程中,主力沒買、投信也沒買,這種看不懂籌碼與型態的股票建議還是敬而遠之,少碰為妙,尤其是基本面沒有持續跟上的狀況。

我們從簡單的邏輯做分析,若一家公司的營運在未來將持續強勁成長,主力和投信會不知道嗎?尤其是親公司派的主力,熟悉公司營運,知道公司未來發展好,怎麼不會買進

這家公司的股票呢？而投信有專門研究上市櫃公司基本面的部門，一家公司營運若將大幅成長，持續成長，獲利也將提升，投信為何也沒買呢？

所以，股票上漲時，若主力沒買，還一直賣出，這種看不懂籌碼與型態的股票就少碰為妙（如圖表 2-4-1）。

那為什麼有時會出現還有外資在買的情況呢？其實這就是本土有心人士到外資券商開戶下單，讓人誤以為是外資買超，也就是俗稱的假外資（通常外資不會去買 EPS 賠錢的小型股）。

一檔股票若是沒基本面，又淪為有心人士炒作的標的，往往就是股價怎麼上就會怎麼下，若投資朋友因誤信「明牌」而重押，就會重傷甚至從股市畢業。

反之，什麼是看得懂的籌碼與型態呢？簡單來說，就是股價下跌後，若主力買了就是底部跡象，當股價止跌主力籌碼持續買進，股價就持續上漲。

圖表 2-4-1 ➡ 看不懂的籌碼與型態 範例：和進（3191）K 線圖

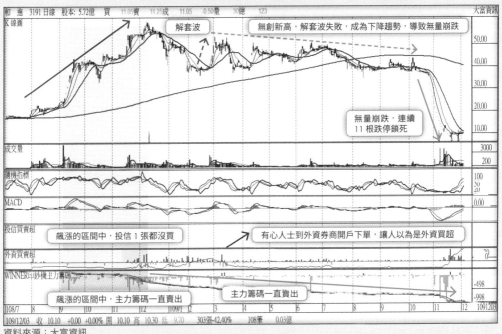

資料來源：大富資訊

💻 **說明** ·····························

股票上漲過程中，主力籌碼一直賣出，投信 1 張都沒買，這種看不懂籌碼與型態的股票，少碰為妙。但是，為何還有外資在買？這就是本土有心人士到外資券商開戶下單，讓人以為是外資買超，也就是俗稱的假外資。

圖表 2-4-2 ➡ 看得懂的籌碼型態 範例：台達電（2308）K 線圖

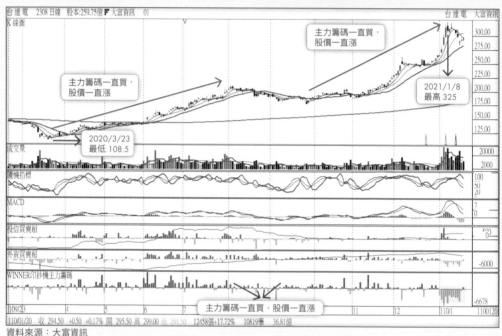

資料來源：大富資訊

💻 **說明** ....

1. 在股價出現底部後，若主力籌碼一直買進，股價往上推升的力道就大。如圖中藍色區域，都是在股價拉回見到底部後，主力籌碼一直買進，股價一直漲。即使是大股本的股價，也從最低點 108.5 元漲至最高點 325 元，漲幅近 2 倍。

2. 股票會續漲，大都是主力買進的（主力籌碼買超，圖中下方紅柱體）；股價會續跌，大都是主力高檔賣下來的，如圖中右下角的粉紅色區域。

贏家觀點

1. 股價上漲主力買超，這就是看得懂的籌碼與型態；股價一直漲主力籌碼一直賣，就是看不懂的籌碼與型態。
2. 股票市場中若有行情，看得懂的籌碼與型態的股票就做不完了，就夠投資人賺錢了。所以，看不懂的籌碼與型態還是少碰為妙。
3. 學習股票要從看得懂的籌碼型態去練習，才會事半功倍，加速學習。

從買賣超統計 找出關鍵主力

　　一般人對於市場主力的認知，大概就是手上握有雄厚資金的投資人，其實，主力還有另外一個優勢，那就是「消息掌握度」。怎麼說呢？主力其實就是「親公司派」的大戶，或是對公司營運狀況消息靈通的人，這並不是說主力是靠著違法「內線交易」來獲利，而是主力通常熟悉產業或是掌握第一手資訊，或者根本就是業內人士，當產業準備復甦之際，「春江水暖鴨先知」，他們的市場敏銳度、獲取訊息的能力，往往比一般投資人靈通。

　　反過來說，在產業即將進入反轉階段時，主力也往往比較能夠提早預期，公司營運狀況可能即將到頂，這時候主力

的持股就會開始鬆動。而上述這些買賣狀況就會顯示在每日盤後的「主力籌碼」動態當中。

投資人使用的券商看盤軟體當中，就可以看到每天的主力籌碼是買超或是賣超。一檔股票每日買超前 15 大券商的買超總張數，減掉賣超前 15 大券商的賣超總張數，如果數字為正就是代表當天主力籌碼買超；反之，就是主力賣超。

要特別注意的是，主力籌碼的統計是用「總買超量」的概念，但是個別券商的買賣超狀況也要特別留意。舉例來說，如果某檔股票當日買超前 15 大券商的買超總張數為 1,600 張，賣超前 15 大券商的賣超總張數為 1,500 張，那麼當日主力籌碼就是買超 100 張。

進一步來看，假設買超第 1 名券商買超 800 張、第 2 名500 張，第 3 名剩不到 100 張，那麼對我而言，具有影響力的券商只有第 1 名與第 2 名，可以特別留意這兩大主力券商後續的動態。

把握 2 原則 當主力的好朋友、低買高賣

至於主力籌碼如何應用，秉持著投資越簡單越好用的精

神，投資人只需要記住以下 2 種原則即可。

原則① 股價漲、籌碼鬆動 留意下跌風險

在多數時間當中，股價都是在上下區間的整理走勢，一旦出現明顯的方向（向上或向下），就代表原來的慣性已經改變。這種改變不太可能是一般資金小的投資人能夠控制，而是主力開始發動攻勢所造成的股價波動。

在多頭走勢當中，股價都是漲得多、跌得少，這時候主力籌碼通常都是持續增加，為多頭增添柴火。不過，一旦發現主力籌碼有開始鬆動的跡象，就要提防股價可能跟著拉回，甚至會持續一陣子「一去不回」。

原則② 股價跌、資金回流 抓住上漲買點

股票出現明顯的方向，也有可能是向下走，這代表原本區間整理的走勢與慣性已經改變。同樣的，這種慣性的改變不太可能是一般資金小的投資人能夠控制，而是主力開始拋售手上持股，甚至反手放空所造成的股價波動。

在空頭走勢當中，股價都是跌得多、漲得少，這時候主力籌碼（持有張數）通常都是持續下滑，空頭走勢也跟

圖表 2-4-3 ⇨ 穎崴（6515）K 線圖

資料來源：大富資訊

💻 **說明** ....

1. 股價拉回時有主力買，就有底部跡象了，主力持續買進籌碼（主力籌碼一直進，如圖下方藍色區域），股價的波段漲幅力道就大（圖中紅色箭頭）。

2. 股價創該波段新高價時，若有主力籌碼賣出，就要觀察頭部的跡象，主力持續賣出籌碼（主力籌碼一直賣出，如圖中綠色區域），股價的波段跌幅力道就大（圖中綠色箭頭）。

著繼續。不過,一旦發現主力籌碼有開始回流(買回)的跡象,就要留意股價可能跟著止跌回升,甚至會持續一陣子「一路向上」。

股票會漲大都是主力買上去的;股票會跌大都是主力賣下來的。投資人要當主力的好朋友,跟著主力低買、高賣,不但可以賺價差外,更重要的是能賺到波段大價差(主力籌碼一直買的過程),這樣股票永遠不會套住,這也是存飆股的投資精髓。

也因此,不論股票漲跌投資人都歡喜,因為可以跟著主力一起在高檔賣股票,開心地停利在相對高檔;股價拉回時也開心(因為有錢再低買),可以跟著主力在低檔一起買進股票,這就是漲跌都歡喜。

籌碼加分題 把握印鈔機會

除了上述 2 原則外,這裡特別和投資人分享「籌碼加分題」的情況:也就是股價上漲後拉回整理,和上漲後在高檔平台整理(亦稱平盤整理,見圖表 2-4-4)時,主力仍持續買進籌碼。

圖表 2-4-4 ➡ 籌碼加分題①：廣達（2382）

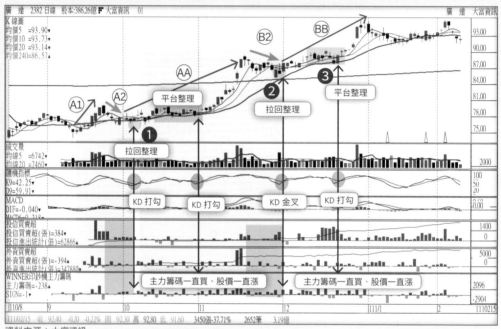

資料來源：大富資訊

💻 **說明** ⋯⋯⋯⋯⋯⋯⋯⋯⋯⋯⋯⋯⋯⋯⋯⋯⋯⋯

1. 圖中上漲Ⓐ1、ⒶⒶ這 2 波，主力籌碼有買進，分別對應拉回時這Ⓐ2和Ⓑ2，拉回這段區間中（Ⓐ2和Ⓑ2）主力籌碼仍持續買進，這就是籌碼加分題。

2. 觀察底部和推升漲幅的關鍵是以主力籌碼為主，投信和外資籌碼為輔，若有投信和外資共襄盛舉一起買超，有助於股價的往上推升力道和上漲幅度，尤其是投信也持續買超。

💻 **操作** ⋯⋯⋯⋯⋯⋯⋯⋯⋯⋯⋯⋯⋯⋯⋯⋯⋯⋯

股價上漲後進入整理時，若主力籌碼持續買進，就要把握整理末端（圖中紫圈）的進場時機，股價整理結束再啟動另一波的上漲，若主力籌碼還一直買，拉出去的波段漲幅就更大，如圖中ⒶⒶ和ⒷⒷ波的上漲。

　　當股價在高檔做強勢的平台整理過程當中，主力籌碼卻是持續買超，代表大戶資金看好未來股價表現，這時候就可以把這檔股票列入口袋名單觀察，要盯緊把握再次跟主力低買的機會。另外，在股價拉回整理的過程當中，主力籌碼卻是反手加碼，越低越買，這也是大戶資金看好未來股價表現的明顯跡象，同樣也可以把這類股票列入口袋名單當中，也要盯緊把握再次跟主力低買的機會。

　　簡單而言，只要股票起漲後主力籌碼一直買進，而且股價在整理時（拉回整理和平台整理），主力籌碼仍持續買進，就是籌碼加分題，要把握印鈔的機會。

贏家觀點

1. 主力籌碼一直進的股票，股價在進入整理期間，若是有籌碼加分題時，操作此類型的股票勝率會大大地提高。
2. 不論是初學者或是老手，主力籌碼一直買進的股票，是好學習、好上手的標的。

圖表 2-4-5 ➡ 籌碼加分題②：聯發科（2454）

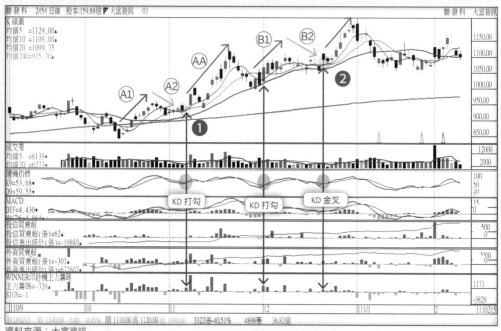

資料來源：大富資訊

💻 **說明** ....

上漲的ⓐ1、ⓑ1這2波，主力籌碼有買進，拉回的ⓐ2和ⓑ2這段區間，主力籌碼仍持續買進，這就是籌碼加分題。

💻 **操作** ....

股價上漲後進入整理時，若主力籌碼持續買進，就要把握整理末端（圖中紫圈）的進場時機，股價整理結束再啟動另一波的上漲，若主力籌碼還一直買，拉出去的波段漲幅就更大，如圖中ⓐⓐ這波的上漲。

搞懂 KD 指標和「整理末端」 輕鬆抓到起漲點

當股價創反彈新高價，接著股價不再創高，進入整理（依拉回的幅度分成拉回底部整理或平台整理），KD 會死叉。當整理幾天後股價跌不下去，股價上漲時，出現 KD 打勾（K 值由小轉大，如圖表 2-4-6 左邊範例），就是整理末端的跡象。

如圖表 2-4-4 和 2-4-5 中的 KD 打勾，就是「整理末端」，整理末端當天，盤後若有主力籌碼買進，隔日也如預期量大上漲，就是整理末端後的起漲第 1 根，起漲這一天 KD 往往也會由打勾變黃金交叉。

當股價拉回 K 和 D 值接近時，有時隔日的上漲就會直接KD 黃金交叉，如圖表 2-4-4 和 2-4-5 中的 KD 金叉。這也是整理後的起漲第 1 根，若主力籌碼買超持續，上漲力道就大，當然有投信和外資同時也買進則更佳。

判斷多頭型態的股票就只有底底高，透過視覺化簡單、快速分辨上漲整理的分類才好學習、好複製，我們將股票拉回的幅度分為上漲後拉回底部，和上漲後平台整理（股價上漲後拉回的幅度較小）。

圖表 2-4-6 ➡ KD 指標中的打勾和金叉

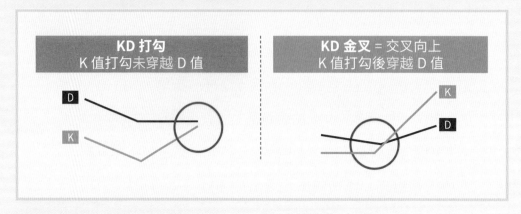

說明 ....

圖表 2-4-4 和 2-4-5 中的 KD 打勾就是「整理末端」，整理末端當天，盤後若有主力籌碼買進，隔日也如預期量大上漲，就是整理末端後起漲第 1 根，起漲這一天 KD 指標往往也會由打勾變黃金交叉。

贏家觀點

大家常聽到的 KD 打勾和金叉，出現在股價的拉回底部且有主力籌碼買進，隔天要注意量增價漲的攻擊訊號，擇機買在起漲第 1 根。

圖表 2-4-7 ➡ 多頭上漲後的拉回整理型態

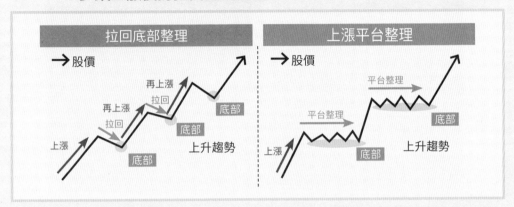

💻 **說明** ⋯⋯⋯⋯⋯⋯⋯⋯⋯⋯⋯⋯⋯⋯⋯⋯⋯⋯⋯⋯⋯⋯⋯⋯⋯⋯⋯⋯

多頭上升型態其實只有一種，就是底底高，如圖所示。只不過，此型態可依拉回整理的幅度大小，分成上漲後拉回底部整理，和上漲後平台整理，而高檔的狹幅平台整理，就是強勢整理，因為股價拉回的幅度小。

1. **拉回底部整理**

   通常底部的定義是股價拉回、創新低價後，股價止跌後，要注意近 3 天內（含 3 天）不破低點。其觀察重點為：❶底底高型態；❷拉回創新低後 3 天不破低價；❸拉回底部時，有主力籌碼買進，底部就更確立。

2. **上漲平台整理**

   股票上漲後，沒有再越過股價高點，在高檔做狹幅整理，如果突破平台整理、股價上攻，將再次往上創新高。其觀察重點為：❶上漲後股價區間整理一段時間；❷通常拉回幅度小（約 5% ～ 6% 內），但幅度可以彈性調整，也就是說只要視覺化看起來像高檔一字型的平台整理，也算平台整理；❸平台整理的區間，主力籌碼買超日多於賣超日，股票往上的機會就大增。

贏家觀點

1. 股價拉回底部有 3 天不破新低的底部跡象後,若有主力籌碼買進,底部就更加確立。此時如果出現 KD 打勾的整理末端,就要特別留意隔日的量增價漲的攻擊訊號,買在拉回底部後的起漲第 1 根,跟主力買在相對低點。

2. 股價在高檔平台做強勢整理的區間,若有主力籌碼買進,而且也有 KD 打勾的整理末端訊號時,就要特別留意隔日的量增價漲的攻擊訊號,買在拉回底部後的起漲第 1 根,跟主力買在相對低點。

3. 上漲後的平台整理,強調視覺化,就算是自上漲後的最高價拉回幅度約有 5% ~ 6%,或者 7% ~ 8%,只要視覺化看起來像高檔一字型的平台整理,也算平台整理。

股價整理後上漲的關鍵

股價上漲後不再繼續創高便進入整理,無論是上漲拉回整理還是上漲後的平台整理,都是股價上漲後的整理,股價上漲後進入整理要繼續往上漲的關鍵就是主力籌碼。只要股價仍維持底底高的多頭型態,在整理時有主力籌碼買進,股價再往上漲、再往上創新高的機會就大增。

接著,一起來練習籌碼和型態的分類,寫下以下 2 題的型態分類和籌碼情形,練到一眼能直覺看出來,就真的是太棒了,這一定可以透過練習就學會的喔。

小試身手 ▶ 練習 ❶ ••

圖表 2-4-8 ➔ 籌碼和型態的練習：美時（1795）

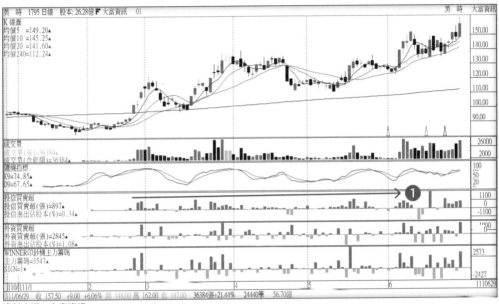

資料來源：大富資訊

作答 ▶

問題 1：藍色圈圈是什麼型態？

答：

問題 2：❶箭頭的籌碼情形？

答：

小試身手 ▶ 練習 2

圖表 2-4-9 ➡ 籌碼和型態的練習：鈺齊－KY（9802）

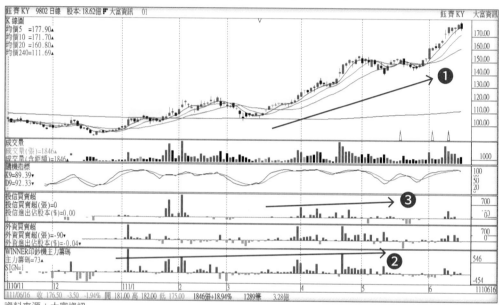

資料來源：大富資訊

作答 ▶

問題 1：藍色圈圈是什麼型態？

答：

問題 2：綠色長方形區域是什麼型態？

答：

問題 3：❶箭頭是多頭底底高趨勢還是空頭的頭頭低？

答：

問題 4：❷箭頭的籌碼情形？

答：

問題 5：❸箭頭的籌碼情形？

答：

👉 參考解答➡小試身手▶ 練 習 ❶ •••••••••••••••••••••••••••••

問題 1：藍色圈圈是什麼型態？
（ 答 ）：拉回底部

問題 2：❶箭頭的籌碼情形？
（ 答 ）：投信籌碼一直買進

👉 參考解答➡小試身手▶ 練 習 ❷ •••••••••••••••••••••••••••••

問題 1：藍色圈圈是什麼型態？
（ 答 ）：拉回底部

問題 2：綠色長方形區域是什麼型態？
（ 答 ）：平台整理

問題 3：❶箭頭是多頭底底高趨勢還是空頭的頭頭低？
（ 答 ）：多頭底底高

問題 4：❷箭頭的籌碼情形？
（ 答 ）：主力籌碼一直買進

問題 5：❸箭頭的籌碼情形？
（ 答 ）：投信籌碼一直買進

第 3 章

存飆股有SOP
想不賺都難

3-1
解密飆股 DNA
買在起漲點

　　每位主動型的投資人都希望買到飆股，對存股族來說，能存到會飆漲的個股也很吸引人，尤其是手上已經持有的個股，最好每檔都是飆股。

　　實際上，這是不可能的事，飆股之所以是飆股，代表背後有特定的籌碼、消息面利多，或是產業趨勢即將好轉等偏正面發展的題材，這些訊號對於一般投資人而言，可以透過學習、判斷股票的籌碼和型態，找到醞釀中的飆股，俗話說「春江水暖鴨先知」，股票要大漲之前，籌碼（資金）會先表態，「籌碼進來了，型態對了，股價就會漲」。

　　雖然一般投資人不是大部位資金者，無法成為掌控個股

走勢的主力部隊，不過卻可以靠著「存飆股」的技巧與方法，從自己的觀察股池當中找出最有機會表現的好股票。

簡單的事重複做 飆股有跡可循

至於如何找到存飆股的好標的，首先就是要認識飆股的DNA。正如我在書中一再強調的，投資應該用越簡單的方式越好，我們在拆解飆股 DNA 的時候也是一樣，只要設定幾個簡單的條件找出相符的個股，這類型股票就是最有可能持續大漲小跌的存飆股標的。

什麼是「長相」符合的存飆股標的呢？舉例來說，泰鼎 -KY（4927）、雙鴻（3324）、廣達（2382）、華擎（3515）、遠雄港（5607）等，都可以算是長相符合的例子。

以電腦及周邊設備類股的龍頭廣達來說，從圖表 3-1-1可見，2021 年 7 月下旬每股除息 5.2 元後，不久股價落底開始進入長達近 3 個月的整理（綠色區域），一直到了2021 年 11 月 8 日，廣達在突破箱型整理，籌碼大量湧入後，轉為一波強勁多頭走勢，從 11 月 8 日開始的一波攻擊，就是存飆股後的標準攻擊走勢。

圖表 3-1-1 ➔ 廣達（2382）K 線圖及主力買賣超

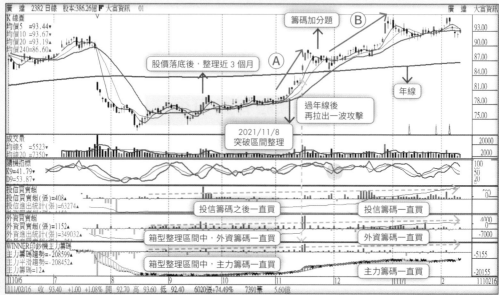

資料來源：大富資訊

💻 **說明** . . . .

1. 股票在箱型整理期間（綠色區域），若是有主力籌碼一直買進（藍色區域），就要注意後勢發展，如果此時投信和外資也一起持續買進則更好，有助於日後股價的續漲力道。

2. 2021 年 11 月 8 日股價突破箱型整理後，拉出一波攻擊（見圖中Ⓐ波）。

3. 股價過年線（藍色虛線）後主力、外資籌碼接連大買，股價創Ⓐ波的新高價後，拉回整理區間主力籌碼仍持續買進，投信和外資也持續買（黃色區域），這拉回的區間就是籌碼加分題。

4. 股票在整理時有籌碼加分題，就要把握整理末端的進場機會，如圖中拉回底部後（藍圈），股價再啟動一波攻擊（見圖中Ⓑ波）。

💻 **操作** . . . .

股價在 2021 年 8 月中落底後，主力籌碼一直買進（綠色虛線箭頭），投信和外資的籌碼也持續買進，這種籌碼一直買進的股票，型態維持「底底高」的多頭上升趨勢時，有拉回底部出現，就要把握再次進場的機會。

進一步觀察，對於個股基本面、產業展望相當重視的投信法人，也一直買進廣達，顯示投信也看好廣達的後勢營運，對於整體籌碼也算是加分。

再來看 PCB 大廠泰鼎 -KY，從圖表 3-1-2 可見，股價也是在落底（2021 年 8 月 18 日最低價）後，主力籌碼就一直買進，投信和外資也共襄盛舉（綠色虛線）。股價在箱型整理逾 2 個月期間，主力和法人籌碼一直買進，直到 2021 年 11 月 4 日股價突破區間整理，就拉出一波近 70% 的波段漲幅。

綜合上述，我們可以從以下 2 個面向，簡單拆解適合「存飆股」的標的 DNA。

存飆股DNA ①：主力籌碼持續買超

在大盤止穩反攻上漲，或是在大盤多頭氣勢延續的狀態之下，個股的主力籌碼開始反賣為買、持續買超，通常就會出現股價波段向上的走勢，這時候個股股價和主力籌碼買超的走勢應該會相當一致。

圖表 3-1-2 ➲ **泰鼎 -KY（4927）K 線圖及主力買賣超**

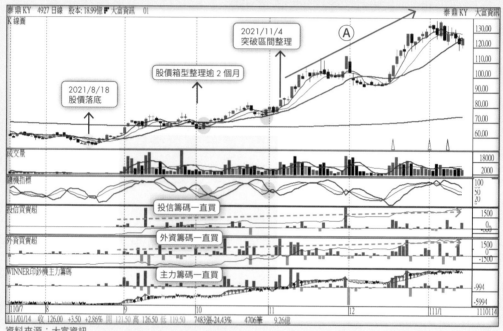

資料來源：大富資訊

💻 **說明**

1. 主力籌碼買超是圖中最下方往上的紅色柱體；主力籌碼賣超為圖中最下方往下的灰色柱體。紅色柱體越長就是籌碼的買超越多；灰色柱體越長就是籌碼的賣超越多。同樣地，投信和外資的籌碼買賣超也是如此觀察。

2. 主力籌碼為何一直買、買那麼多？當然往往背後都有故事，在股價整理期間吃了那麼多貨（買進籌碼），就是為了大賺日後如主力預期的那一個大波段。所以只要主力籌碼一直買進達 1 ～ 2 個月以上，都要留意拉回整理再次逢低進場的機會。

3. 當股價在箱型整理期間有主力籌碼一直買進時（藍色區域），很明顯的在某一區間買超日比賣超日多出很多，視覺化來看就是紅色柱體的根數明顯多於灰色柱體的根數，就要盯緊這股票。

以 AMD 概念股的華擎為例（見圖表 3-1-3），2021 年 11 月重啟一波攻勢，在 11 月上旬與中旬，華擎股價強勢上攻期間，主力幾乎都是站在買方（黃色和紫色區域），之後到 11 月底，主力出現小幅度調節，華擎股價也進入拉回量縮整理，到了 12 月上旬華擎又啟動第 2 波攻勢，這波的漲勢也有主力籌碼買超加持，不過買超不像 11 月第 1 波攻勢來得多，股價漲幅也相對較小（Ⓓ波上漲幅度小於Ⓒ波）。

由此可看出，主力籌碼對於一檔股票強弱表現的重要性。一般而言，主力籌碼可能在股價修正整理，或者是橫向區間整理（如圖表 3-1-3 的Ⓐ區和Ⓑ區）當中，就開始默默逢低買進，但這時候的買超量不高是正常的（因為股價整理時成交量低）。

贏家觀點

股價續漲的關鍵就是主力籌碼的連續性買超，主力籌碼在股價整理起漲後仍持續買進，股價往往就有波段的漲幅，當然若也有投信的持續買超更好。

圖表 3-1-3 ➡ 華擎（3515）K 線圖及主力買賣超

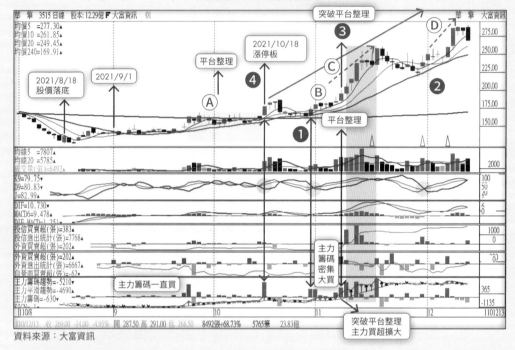

資料來源：大富資訊

📖 **說明**..

1. 股價在起漲的 1～3 天，若主力籌碼連續買超，且越買越多，如圖中黑色箭頭下方處，主力籌碼連續幾天大買，往上的漲幅就大（ⓒ波）；相對地，ⓓ波的攻擊力道相較於ⓒ波來得小，是因為ⓓ波起漲時，主力籌碼的買超量沒有連續性大買。

2. 股價整理期間主力籌碼一直買進，有籌碼加分題的現象時（ⓐ區和ⓑ區），若股價有突破平台的攻擊訊號，是買進的機會，如位置❹和❸就是籌碼加分題——平台整理後的突破買進機會。

3. 股價續漲的關鍵，就是股價起漲攻擊後主力籌碼持續買超，如位置❹攻擊後沒續漲就是主力籌碼買超沒持續性，所以股價就再做一次整理；而位置❸起漲攻擊後，主力籌碼有持續買進，自然就拉出一波漲幅。

4. 股價有平台整理的籌碼加分題，一旦突破平台整理時，依方法要執行買進，買進後若沒連續攻擊，股價拉回整理時，如果仍維持底底高的多頭型態就續抱。

　　一旦時機成熟，股價開始出現中長紅棒，或是連續性上漲的多方表態，這時候通常就是主力籌碼買超數量加大所帶動的攻勢（如圖表 3-1-3 的紫色區域）。在一波攻勢之後，股價有 2 種整理模式，一是平台整理，另一種是拉回整理。

　　平台整理代表這段期間股價沒有明顯拉回，最大的拉回幅度可能只有 5% ～ 7%，屬於較強勢的整理形態，這時候想賣籌碼（股票）的投資人不多，或者是要賣也賣不下去，因為主力可能還在持續買超。

　　另一種屬於拉回整理，可能在股價第 1 波攻勢之後，拉回 1 成或 2 成以上，只要這段時間主力籌碼沒有明顯鬆動，甚至整理的時候主力籌碼還買進，通常股價拉回幅度不會太深（如圖表 3-1-3 的Ⓐ和Ⓑ整理區），如此才會形成一底比一底高的「底底高」多頭走勢。

　　這時候在高檔有做部分減碼的投資人，就可以開始留意量縮且 3 天未見低價的「拉回底部」伺機進場（如圖表 3-1-3 中的底部，位置❶和❷），或者是等到突破平台整理，中長紅棒表態時（如圖表 3-1-3 中的位置❸），在第一時間進場。

▌存飆股DNA ② ：K 線型態底底高

　　投資人應該也有發現，上述廣達、泰鼎 -KY、華擎在這一段時間符合「存飆股」的 DNA，主要就是因為它們在股價走勢圖當中，有眾多 K 線是從左下到右上排列的趨勢，也就是所謂底底高的多頭走勢，這點從 K 線圖中相當容易辨認。

　　其他像是雙鴻、遠雄港等，在上述舉例的同樣期間，股價也都是呈現左下到右上的底底高多頭走勢。

　　以雙鴻為例，從圖表 3-1-4 可見，股價從 2021 年 10 月 5 日再次拉回底部後，雙鴻漲多跌少，型態維持底底高的往上走勢，K 線也是從左下到右上排列的多頭趨勢，且主力籌碼一直進，又有投信和外資的籌碼不斷買進，股價持續往上走高、再創高的機會就大增。此時，若有拉回底部或整理末端的跡象時，就要大膽買進。

　　再看圖表 3-1-4，雙鴻在股價拉回時有籌碼加分題（藍色箭頭），因此可以積極進場。此外，其 K 線型態為底底高，拉回在月線上方（破月線 3 日內站回），主力籌碼仍維持一直買進，股價再往上漲，再創新高的機會當然就大增。

圖表 3-1-4 ➡ **雙鴻（3324）K 線圖及主力買賣超**

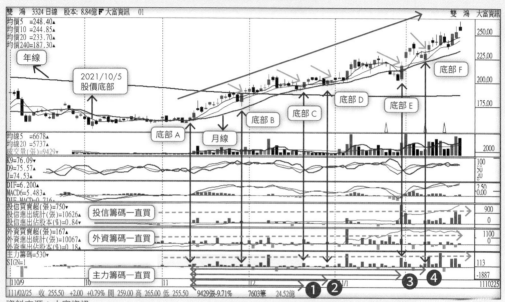

資料來源：大富資訊

💻 **說明** ....

以下區間，主力籌碼一直買進：

1. 從底部 A 至底部 C 的走勢期間，主力籌碼一直買，如圖下方位置❶橘色雙箭頭區間。

2. 從底部 A 至底部 D 的走勢期間，主力籌碼一直買，如圖下方位置❷橘色雙箭頭區間。

3. 從底部 A 至底部 E 的走勢期間，主力籌碼一直買，如圖下方位置❸橘色雙箭頭區間。

4. 從底部 A 至底部 F 的走勢期間，主力籌碼一直買，如圖下方位置❹橘色雙箭頭區間。

3-2
圖像記憶法
一眼篩出潛力股

看完「存飆股」的之後，相信投資人對於飆股到底長什麼樣子，應該都已經有一定的了解。接下來，我們再來進一步探討，如何透過簡易的方法篩選出適合存飆股的潛力股。

如同先前提到，投資方法應該越簡單越好，最好是能夠「視覺化」，投資人看到相關的圖表、數字，就能夠直接反應，判斷一檔股票是不是適合存飆股，以及現在是不是存飆股的時機。

以下提供 2 個方法，讓投資人可以很容易篩選出潛力股。

方法①：近 1、2 個月主力持續買超

主力不會沒事花大筆的鈔票一直買進股票，除非是主力知道未來某個時間點將會有「好事」發生，這類重大題材通常都是「利多」，有利於後續股價表現加溫。

投資人不用每天花太多時間盯盤，甚至是不用盯盤，只要每隔 1～2 週，在週末假日時做一次功課，看看有哪些股票的主力籌碼已經連續買超 1、2 週，這時候就可以開始注意這檔股票，將其列入潛力股追蹤名單。

只要主力在某一區間的交易日中是買超日多於賣超日，就要列入觀察名單，如果再隔個 1、2 週，主力還在持續買超（也就是近 1 個月主力籌碼持續買超），就更要注意，這檔股票可能在不久後有機會突破箱型區間整理，正式發動攻勢。

這邊說的連續買超，不一定要每天都是買超，一般而言，某一區間交易日內，有一半以上的交易日是主力買超，加上主力買超的那些交易日，買超的張數明顯大於賣超時的張數（看主力籌碼買賣超欄位的柱狀體就可看出），就可以得知主力開始在默默吃貨。

　　以遠雄港為例，從圖表 3-2-1 可見，2021 年 7 月開始，主力籌碼默默小量買超遠雄港，在 7 月的 22 個交易日當中，有 16 個交易日是買超，只有 6 個交易日賣超，這點正如先前所提到的，「視覺化」看過去明顯可以看出往上的紅色柱體（主力籌碼買超）遠多於向下的灰色柱體（主力籌碼賣超），這就是明顯的主力籌碼連續買超。

　　再看圖表 3-2-1，到了 8 月，主力籌碼對於遠雄港還是一樣買多於賣，單月 22 個交易日當中，有 12 個交易日是買超的狀態。9 月 30 日，遠雄港股價拉出中長紅棒表態，且主力買超力道明顯增加（藍色虛線），雖然股價沒有噴出去，但在整理時期，又是主力籌碼一直買進的籌碼加分題（黃色區域），隨後在出現整理末端的買進訊號後（❷ 藍圈），遠雄港股價在 10 月 19 日突破整理區間，啟動一波大漲走勢，股價自此脫離 7 ～ 9 月這段時間的箱型整理區間，期間主力籌碼未見明顯鬆動，遠雄港股價也持續扶搖直上。

圖表 3-2-1 ◐ 遠雄港（5607）K 線圖及主力買賣超

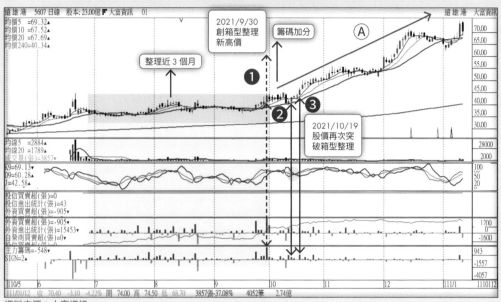

資料來源：大富資訊

💻 說明 ·······························

1. 2021 年 7 月開始，主力籌碼默默小量買超遠雄港。

2. 到了 8 月，主力籌碼對於遠雄港還是一樣買多於賣。

3. 9 月 30 日，遠雄港股價拉出中長紅棒表態，且主力買超力道明顯增加（藍色虛線），
   雖然股價沒有噴出去，但在整理時期，又是主力籌碼一直買進的籌碼加分題（黃色
   區域），隨後在出現整理末端的買進訊號後（❷藍圈），遠雄港股價在 10 月 19 日
   突破整理區間，展開一波大漲走勢。

4. 股價自此脫離了 7 ～ 9 月的箱型整理區間，期間主力籌碼未見明顯鬆動，遠雄港股
   價也持續扶搖直上。

贏家觀點

主力籌碼一直買進的觀察：

1. 主力籌碼一直買的定義是，主力籌碼持續買超時間近 2 個月以上。

2. 當股價在 1～2 週的區間內，有主力籌碼持續買超就要列入觀察。

3. 接下來，如果主力籌碼又一直買，也就是主力買超近 1 個月，就要特別留意。若股價整理時（拉回整理或平台整理）有籌碼加分題出現，就可以買進，跟主力同步逢低布局。

4. 當主力籌碼的買超持續，累積買超區間近 2 個月時，更要盯緊，若股價整理時（拉回整理或平台整理）有籌碼加分題出現，可以積極買進，跟主力同步逢低布局。

5. 當主力籌碼的買超達 2 個月以上時，若股價仍處箱型變動，之前沒有買進的人，更要把握股價拉回的逢低買進機會，已有持股的人也可以再次逢低加碼。

6. 若主力籌碼買進的時間越長，如 2～3 個月以上，且股價仍在箱型區間，表示主力仍持續從市場吃籌碼，主力籌碼一直買的時間越長，股價日後噴出去的力道就越大。

方法②：投信法人共襄盛舉更好

這邊特別提到投信法人，而不是外資、自營商法人，主要是投信的進出都要根據基本面，當出現看好的理由時，才會開始進場，而且投信開始買進一檔股票時，通常不會在幾天內就出場（因為投信買進股票，都要提出基本面正向發展的研究報告，而基本面要轉壞不會在幾天內發生），更不會

今天買、明天馬上賣，相對地，若持續一段時間買進，就變成大家常常聽到的投信作帳股，通常會有一波段的行情出現。

投信的進出，對於一般投資人而言，像是免費的「研調單位」，會被投信法人鎖定的公司，多半是因為產業趨勢與公司營運出現轉機，而且大部分投信都是買原本就賺錢、未來營運力道將再成長的公司，或是有轉機（賠錢將轉為賺錢）的公司。因此，投信買進的股票，對於投資人而言是多一層保護傘，由投信法人幫投資人挑出產業趨勢向上、公司營運有轉機的標的，等於是免費幫投資人過濾股票的基本面，幫大家做了初步的篩選。

以廣達為例，從圖表 3 2 2 可見，2021 年 8 月中旬到 11 月初期間（綠色區域），廣達的股價大致呈現箱型整理走勢，但是從 9 月中旬，投信法人明顯加碼，這時候投資人可以開始留意，並將其列入潛力股追蹤名單。

在投信法人忽然大幅買超（綠色箭頭）、持續買超，且其他主力籌碼也有布局時，投資人可以在股價拉回時逢低買進（綠色區域內的藍圈），到了 11 月 8 日廣達股價突破箱型整理區間向上，投信法人加碼的態勢也沒有改變，而且主

圖表 3-2-2 ➡ 廣達（2382）K 線圖及投信買賣超

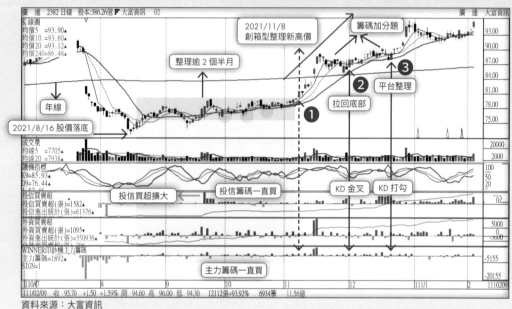

資料來源：大富資訊

💻 **說明**

主力籌碼為主，投信為輔。

1. 當主力籌碼一直買進的同時，若投信的籌碼也一起持續買進，表示這檔股票有經過投信篩過基本面，後面的波段行情可期。

2. 投信忽然大買時都要特別留意（綠色箭頭）。

3. 把握股價上漲後進入整理的籌碼加分題，有整理末端跡象要積極介入，如圖中藍色橢圓區域，拉回底部（位置❷），上漲後平台整理（位置❸）。當有籌碼加分題，股價有底部跡象時，隔日就要擇機進場。

力籌碼也一直買進，這時候投資人就可以跟著主力與法人的腳步，享受股價上漲的果實。

按 SOP 操作 成為股市常勝軍

以上 2 個潛力股的篩選方法是不是非常簡單易學？其實，投資人學太多種理論，學一大堆的操作方法，如果有用那還好，然而根據我多年的股市經驗與觀察，這些理論與方法並沒有太大問題，只是，投資人不是用錯時機，就是沒有遵守紀律操作，三心二意、追高殺低，或是隨心所欲、憑感覺殺進殺出，最後通常都是賠多賺少收場。

所以，我再強調一次，投資越簡單越好，核心的觀念就是「不要賠錢」，如果你的方法讓你賠多賺少，那就一定不是好的投資方法。但是，只要跟著主力籌碼、投信法人的腳步，配合簡單的幾個操作技巧，執行紀律性的操作，長期下來，賺多賠少應該是順理成章的結果。

投資人特別要注意的是，當股價在箱型區間整理越久、主力籌碼進來越多，將來的上攻空間也就越大，因為主力買得多，不會 1、2 天就賣得完，一定要市場共襄盛舉，在利多

滿天飛時，才方便完成高檔出貨。

　　而上述的方法，主要是針對股價還沒突破箱型整理、主力與投信還在吸納籌碼、產業與公司利多題材還沒有發酵的時候買進，這時候守株待兔，是進可攻退可守的好策略。

把握股價破年線 再度站回的跌深反彈飆股

　　除了運用上述 2 個方法篩出潛力股之外，做股票一定要做自己熟悉的籌碼型態的股票，想要在股票市場中提早賺一桶金，提早達到財務自由，就要多比別人多付出，尤其是小資族和年輕朋友，當然本金大者更要遵守低買的 SOP，才能讓自己的股本變得更大。

　　這兒特別再講一種跌深反彈的飆股 DNA，提供給想要學習的朋友，另一種投資方法。

　　年線，對股價多頭是一條重要的均線，若跌破年線後沒有盡快止跌和站回年線，就要提防股價再次破底走空的空頭走勢。相對地，股價破年線再站回年線就要留意，將由原本空頭走勢轉為多頭的波段走勢。這裡將站回年線分 2 情況：

　　情況❶：若股價經過大幅度拉回修正後，已經在年線下

方一陣子，當股價突破年線後，籌碼一直進。情況❷：股價大幅拉回破年線後，在年線下方的時間相對情況❶短，再次站回年線。

以上 2 種情況，只要站上年線後主力籌碼大買，之後連續長紅大漲且主力籌碼持續買超，往往會有一波漲幅，尤其是當這股票是該領域的龍頭公司。所以當股價大漲站上年線，且當天主力籌碼大買，隔日也是波段行情的逢低進場的時機。

我常常講，股票市場沒有絕對贏、絕對是對的這件事，否則市場就沒有輸家，人人都是億萬富翁，不用上班了。做股票只要往高勝率的方向走就對了，比如過年線隔日進場這一招，若沒成功，頂多小賠保本出場，但若成功，卻是大賺一場。

總結來說，跌破年線之後，股價再次站回年線啟動波段漲幅的飆股 DNA，就是股價上漲過年線且主力籌碼持續大買。

我們先來看第 1 種情況，股價長期在年線下方，又重新站回年線的範例，南亞（1303）股價自 2018 年 10 月 11 日破年線以來，在年線下方將近 2 年之久，直到 2020 年 11 月 11 日才放量、上漲站上年線，站上年線當天，主力籌碼大買（圖表 3-2-3 位置❶），接著持續買進，帶動股價啟動大漲

圖表 3-2-3 ⇨ 股價長期在年線下方 站上年線後大漲 範例：南亞（1303）

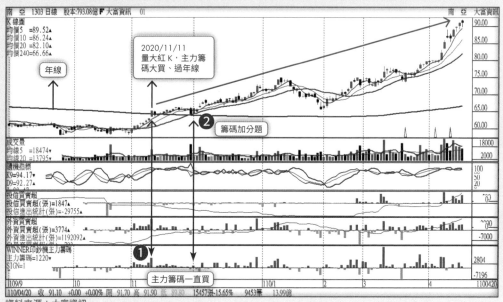

資料來源：大富資訊

💻 **說明** ....

1. 南亞股價自 2018 年 10 月 11 日破年線以來，在年線下方將近 2 年之久。

2. 直到 2020 年 11 月 11 日才放量、上漲站上年線，站上年線當天，主力籌碼大買、一直持續買進（位置❶），帶動股價啟動大漲波段的行情。

3. 股價站上年線後，主力籌碼仍持續買進，往往將拉出一波的波段行情。

投資小辭典
1. 均線簡稱為 MA（Moving Average）。
2. 20MA 就是常說的 20 日均線，也就是月線。
3. 240MA 就是年線，也就是 240 日均線。

波段的行情。

　　圖表 3-2-4 為另一檔權值股台達電（2308），股價自 2019 年 9 月 24 日跌破年線後，在年線下方近 8 個月，直到 2020 年 6 月 1 日上漲站上年線後，當天主力籌碼大買（位置❶），接著主力籌碼持續買進，帶動其股價大漲 2 倍。

　　我們再來看看第 2 種情況，股價原本在年線上方，大幅拉回修正、跌破年線之後，重新站回年線啟動大波段行情的走勢。

　　第 1 個範例為聯詠（3034），股價自 2020 年 3 月 12 日跌破年線創新低價後，股價已拉回近 4 成（2020 年 1 月 14 日最高價為 237，至 2020 年 3 月 23 日最低價為 143），於 5 月 6 日股價上漲站上年線，且盤後主力籌碼大買（圖表 3-2-5 位置❶），隔日主力籌碼一直買，股價持續上

圖表 3-2-4 ➲ 股價長期在年線下方 站上年線後大漲 範例：台達電（2308）

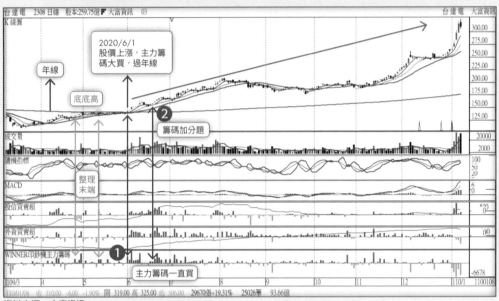

資料來源：大富資訊

💻 **說明** ....

1. 股價在年線下方時，若有主力籌碼持續買進（綠色區域），而且型態底底高有出現
   整理末端的訊號，可以酌量試單建立持股。

2. 當主力籌碼仍持續買進，且股價大漲站上年線是買進的機會。

3. 站上年線後，主力籌碼連續買進，逢低再加碼，或者有籌碼加分題時再加碼（圖表
   3-2-3位置❷、圖表 3-2-4 位置❷、圖表 3-2-5 位置❷和圖表 3-2-6 位置❷）。

漲，拉出一波段上漲近 65% 行情。

另外，從圖表 3-2-5 也可見，自聯詠站上年線後，在 8 月 6 日創高點，接著股價拉回止跌時，主力籌碼又一直買進（藍色區域），符合存飆股的 DNA，再次上漲超過 2 倍以上的漲幅。

股價的漲跌都是有跡可循的，我們再看以下的範例，當靜態的籌碼和型態熟練了，一眼就可以看出好股票了。

圖表 3-2-6 的聯發科（2454），股價自 2020 年 3 月 12 日跌破年線後，於 3 月 19 日創新低價，股價拉回逾 4 成（2019 年 12 月 17 日最高價為 464，至 2020 年 3 月 19 日最低價 273），在 4 月 27 日股價上漲、站上年線，且盤後主力籌碼大買（位置❶），隔日主力籌碼持續買進，股價拉出一波段上漲逾倍數的行情。

再看圖表 3-2-6，自聯發科站上年線後，在 7 月 28 日創高點，接著股價拉回止跌時，主力籌碼一直買進（藍色區域），符合存飆股的 DNA，再次上漲近 50% 漲幅。

由以上範例大家應該不難看出來，股價再次站上年線後，成功啟動一波上漲行情的關鍵就是主力籌碼。那沒有發動成功的關鍵又是什麼呢？當然也是主力籌碼。

圖表 3-2-5 ➲ 股價大幅拉回再站上年線 範例：聯詠（3034）

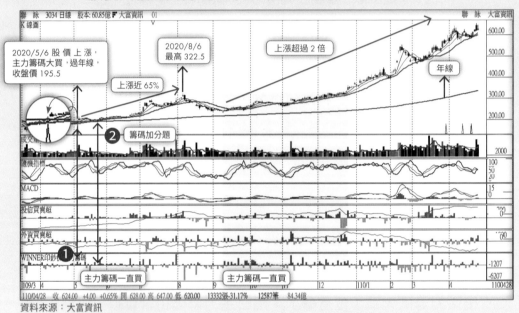

資料來源：大富資訊

💻 **說明** ....

1. 聯詠 5 月 6 日股價上漲站上年線，盤後主力籌碼大買（位置❶），隔日主力籌碼一直買，股價持續上漲，拉出一波段上漲近 65% 行情。

2. 自聯詠站上年線後，在 8 月 6 日創高點，接著股價拉回止跌時，主力籌碼又一直買進（藍色區域），符合存飆股的 DNA，再次上漲超過 2 倍以上的漲幅。

圖表 3-2-6 ⊃ 股價大幅拉回再站上年線 範例：聯發科（2454）

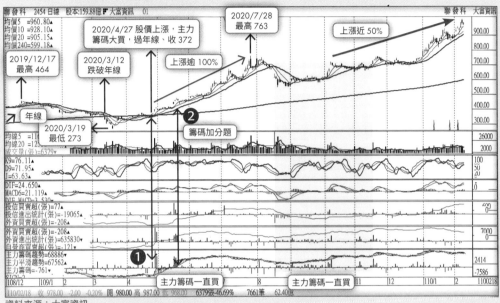

資料來源：大富資訊

💻 **說明** ....

1. 股價自 2020 年 3 月 12 日跌破年線後，於 3 月 19 日創新低價，股價拉回逾 4 成。

2. 4 月 27 日股價上漲、站上年線，且盤後主力籌碼大買（位置❶），隔日主力籌碼持續買進，股價拉出一波段上漲逾倍數的行情。

3. 7 月 28 日，聯發科站上年線、創高點，接著股價拉回止跌時，主力籌碼一直買進（藍色區域），符合存飆股的 DNA，再次上漲近 50% 漲幅。

149

　　我們藉由圖表 3-2-7 來探討，股價站上年線，是否成功啟動大波段行情的關鍵，2020 年 4 月 8 日，國巨（2327）股價雖然長紅大漲站上年線，但之後將近 10 個交易日，主力籌碼卻是一直賣（藍色區域❷、綠色區域❸），所以股價沒有拉出一大段的波段漲幅。直到 2020 年 11 月 3 日股價再次大漲過年線，且盤後主力籌碼大買（位置❹），隔天主力籌碼又持續買超（藍色區域位置❺），股價才順利拉出大波段的漲幅。

▎贏家觀點

1. 股票不用天天做，等到機會來了就要把握。
2. 方法都是一樣，見到整理末端和籌碼加分題就要把握進場的機會。
3. 股票發動成功上漲和有波段行情的關鍵，就是主力籌碼有持續買進，若有投信一起買更好。
4. 技術面：底底高的多頭型態，KD 打勾的整理末端擇機進場，有籌碼加分題要積極進場。
5. 籌碼面：主力籌碼持續買進，有投信籌碼也一起持續買進更好。

圖表 3-2-7 ➡ **股價站上年線 波段行情成功與否的探討 範例：國巨（2327）**

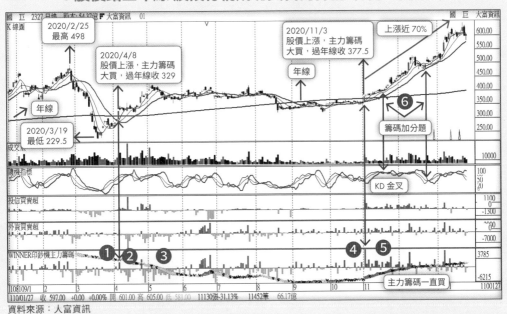

資料來源：人富資訊

💻 **說明** ....

1. 2020 年 4 月 8 日，國巨股價雖然長紅大漲站上年線，但之後將近 10 個交易日，主力籌碼卻是一直賣（藍色區域❷、綠色區域❸），所以股價沒有拉出一大段的波段漲幅。

2. 2020 年 11 月 3 日股價再次大漲過年線，且盤後主力籌碼大買（位置❹），隔天主力籌碼又持續買超（藍色區域位置❺），股價順利拉出大波段的漲幅。

151

圖表 3-2-8 ➡ 股價拉回再站上年線的 SOP

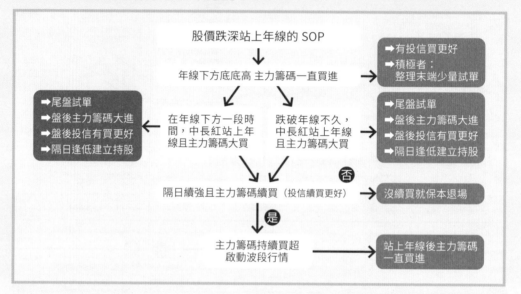

💻 **說明** ·······························

1. 股價在年線下方，若型態有底底高且主力籌碼持續買進，有整理末端出現時（圖表 3-2-4 下方的綠色區域），積極者可以少量試單買進。

2. 股價中長紅大漲站上年線，當天可以酌量買進；盤後主力籌碼大買且投信也買，隔日逢低買進。

3. 若只有站上年線當天大漲，後續沒漲，且盤後主力籌碼持續賣出（圖表 3-2-7 藍色區域❷），保本賣出。

4. 股價站上年線後，主力籌碼籌持續買進，投信也有買進，若有籌碼加分題，買進偏積極。

5. 股價拉出波段行情，若出現股價創新高後，主力籌碼持續賣出，就要適時停利。

投資筆記

3-3
用 2 方法
輕鬆抓住進場時機

找到適合「存飆股」的標的後，投資人最關心的莫過於：到底什麼時間點才是最佳進場時機？

投資股票有幾年以上經驗的投資人應該都知道，就算是選到產業在趨勢風口上、公司營收與獲利表現都相當優異的股票，只要買進的時機點不佳，再好的股票也可能讓你賠錢！

當然，部分投資人的心態是，只要不賣掉，一路撐著，等到股價再漲回來，這樣就不會賠錢了。如果投資人運氣好，挑到的是真材實料、長期趨勢向上的公司，的確在套牢一陣子之後，是有機會回本，甚至獲利。

不過實際上，有許多股票在「最熱門」的時候被投資人挑中，剛好買在高點，然後股價就一去不復返，這點大家可以去瞧瞧過去台股歷任股王、股后們，有幾家到現在還能夠維持當年的榮景？

這本書的宗旨，就是讓投資人能夠使用簡單的方法，加速賺錢效率，以期達成財務自由的目標。雖然每個人對財務自由的目標可能不盡相同，但是學會勝率高的簡單投資方法，絕對是踏出成功的第一步。

那麼，潛力飆股到底在什麼時候是最佳買進時機呢？以下就提供 2 個方法供投資人參酌。

方法①：整理末端 KD 打勾、逢低進場

此方法還要配合 2 個條件，包括：條件 1，主力籌碼一直買進；條件 2，型態維持底底高（留意到了嗎？這其實就是本書一直強調的重點）。

投資人根據飆股 DNA，挑選出一批潛力股觀察名單之後，接下來就是看何時是好的進場時機。首先，可以用技術指標轉強的訊號來看，最常用的就是 KD 指標，只要 KD 指標

打勾向上時，就是可以進場試水溫的時機，這時候建議先買預計張數的一半，等隔天或是過幾天之後，股價帶量衝出去，再加碼另外一半。

這個地方要特別注意，KD 打勾其實指的就是技術指標的 K 打勾，就像某知名運動鞋品牌的 logo，K 值打勾代表股價在最近一段時間的相對低檔位置，開始出現轉強的初步跡象。這個時候「早些」進場，未來的報酬可能就會越大。

不過，早進場當然也有風險，那就是訊號不可能百分之百都是對的，萬一發現股價表現不如預期，主力籌碼也在減碼，這時候一定要嚴守停損紀律，只要發現苗頭不對，有小幅度虧損就該出場。

如果股價走勢一如預期，之後出現價量齊揚的走勢，小波段的多頭應該就可確立了，這時候可加碼另外一半部位。

以大型股光寶科（2301）為例，從圖表 3-3-1 可見，光寶科的股價經過近 2 個月主力籌碼一直買進，已符合飆股 DNA。只要股價有經過整理，可以逢低做第 1 次布局（綠色區域的綠箭頭）。

圖表 3-3-1 ➡ 光寶科（2301）K 線圖及 KD 指標

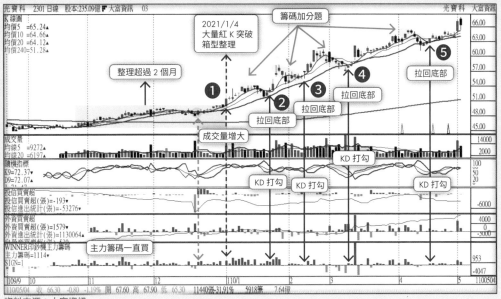

資料來源：大富資訊

💻 **說明** ....

1. 當股價上漲後進入整理，也就是拉回底部整理或平台整理，有 KD 打勾出現，而且也有主力籌碼買進（如位置❷、❸、❹、❺藍線中的 KD 打勾），隔天就可擇機進場。

2. 當股價在做箱型整理時，主力籌碼持續買超達 1 個半月以上，若股價有拉回，且主力籌碼仍一直買進時，可以趁拉回酌量建立基本持股（綠色區域的綠箭頭）。

　　當突破整理時再做第 2 次布局（位置❶），股價突破攻擊以後，若主力籌碼仍一直買進，有拉回底部或平台整理末端的 KD 打勾時，就準備第 3 次的布局（位置❷）。若整理時有籌碼加分題的現象，更要積極做多（藍色橢圓形整理區間）。

　　光寶科在 2021 年 1 月 4 日量價俱揚，股價突破 2 個多月來的箱型整理區間，之後在近 4 個月的時間內，上漲約 30% 漲幅。如果以第 1 筆進場時點 1 月 4 日的股價 51.5 元計算，1 月 27 日最高點為 58.3 元，不到 1 個月，大型股也能賺進近 13% 的報酬率。

圖表 3-3-2 ➡ 整理末端買進 SOP

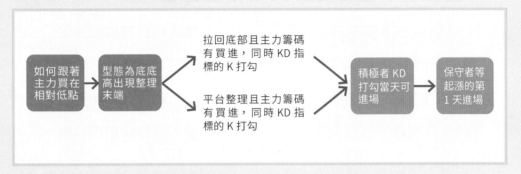

💻 **說明**

1. 股價上漲後進入整理，整理末端的訊號研判：K 線型態拉回底部訊號出現（股價拉回 3 天不破新低價）且有主力籌碼買進，或平台整理區間有主力籌碼買進時，當出現股價上漲，而且 KD 指標的 K 打勾向上（簡稱 KD 打勾），這個就是整理末端的訊號。

2. 當股價整理後（拉回整理或平台整理），起漲第 1 天的攻擊訊號：一般股價上漲後進入整理時成交量會縮小（簡稱量縮），當整理末端 KD 打勾時，若接著出現股價上漲且成交量也放大（俗稱量增價漲），這就是攻擊訊號。此時，前一天的 KD 打勾，經過股價上漲且收中長紅，KD 往往會變成黃金交叉。KD 打勾後的黃金交叉，股價上漲（中長紅 K 棒），這一天就是股價整理後起漲的第 1 天（如圖表 3-3-1 的位置❷、❸，隔日股價上漲）。

3. 積極者在整理末端的當天就可以擇機布局；保守者等出現起漲再布局，也就是買在起漲的第 1 天。

4. 在整理末端打勾時已經布局者，可在起漲第 1 天再加碼。之後股價再往上就別加碼了，這樣才能讓自己的進場成本處於相對低檔水位，而當股價如預期上漲後，等賣訊出現就要擇機停利掉。

5. 整理末端這一招適用在多頭整理的股票（K 線型態須維持底底高的多頭走勢），尤其是籌碼加分題的整理型態，勝率會高出很多。

6. 整理末端這一招，若股價持續維持底底高型態，不僅可以短線做價差，也能獲得波段的利潤。

▌方法②：量增價揚 突破箱型整理

　　第 2 種買進時機，是等到個股突破籌碼一直買進的箱型整理區間的當天進場，這個方法需要配合以下條件，也就是相較於前面一段時間，當天的成交量有明顯地放大（如圖表 3-3-1 位置❶），而且股價漲幅也比較強勢，這時候就可以進場布局。

　　這個方法和第 1 種不同，因為股價已經表態說話，以過往經驗來說，主力籌碼一直買進達 2 個月，甚至 3 個月以上時，股價若突破籌碼一直買進的箱型整理區間，且主力籌碼仍持續買進，往往之後還會有一波段的漲幅。尤其是主力籌碼一直買進的區間，主力幾乎只進不出，日後的漲幅就越大。所以在突破箱型整理時就可以買進（如圖表 3-3-1 位置❶）。不過老話一句，任何進場都要做好資金控制和大盤順勢同步而為。

　　再以光寶科為例，從圖表 3-3-1 可見，2021 年 1 月 4 日量價俱揚，股價突破 2 個多月來的箱型整理區間，終場上漲 1.6 元、漲幅 3.21%，當天的成交量為 11,864 張，相較於前一日 4,232 張，增大為 2.8 倍，符合量增價揚條件，加

上股價突破區間整理上緣，表態意味濃厚。而光寶科股價在突破 2 個多月來箱型整理區間，隨後於近 4 個月的時間內上漲近 30% 漲幅。

若投資人在 2021 年 1 月 4 日股價突破整理時，擇機進場買進光寶科，之後光寶科第 1 波漲勢持續到了 1 月 13 日見到 54.1 元高點，才進入休息整理，以進場的 51.5 元來計算，短短 7 天這筆部位每股就有 2.6 元左右的獲利，報酬率約 5%。

投資人千萬不要以為只有 5% 的報酬率，好像不是很高。事實上，以大型股來看，在短短的時間就能有這樣的賺錢效率，算是相當不錯。若台股下修整體殖利率將提高，個股如果也跟著下跌，個股的殖利率也將提高（若維持近幾年的配息）；當大盤止跌時，個股也止跌時，有符合買訊再擇機進場布局。

對於存股族而言，存股是希望每年能穩穩地領股息報酬，也就是期盼每年安穩領個 5% 報酬回來。但是，投資人不妨試著想一想，，半個月賺 1 成，和 1 年賺 5%，這中間的差異有多麼大？

圖表 3-3-3 ➡ 存飆股的進場 SOP

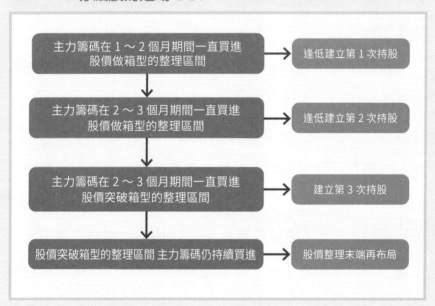

主力籌碼在 1 ～ 2 個月期間一直買進
股價做箱型的整理區間 ➡ 逢低建立第 1 次持股

主力籌碼在 2 ～ 3 個月期間一直買進
股價做箱型的整理區間 ➡ 逢低建立第 2 次持股

主力籌碼在 2 ～ 3 個月期間一直買進
股價突破箱型的整理區間 ➡ 建立第 3 次持股

股價突破箱型的整理區間 主力籌碼仍持續買進 ➡ 股價整理末端再布局

💻 **說明** ....

1. 主力籌碼持續買進近 1 個月就要列入觀察,當主力籌碼持續買進時,
   若在 1 ～ 2 個月內股價有拉回,便可逢低建立第 1 次持股。

2. 若主力籌碼一直買進達 2 個月以上,股價有拉回底部或整理末端時,
   執行第 2 次買進、順勢加碼。

3. 當股價突破箱型整理往上漲,且主力籌碼持續買進,擇機第 3 次買進。

4. 原則上只買進這 3 次,做股票不要一直往上加碼,這樣會讓成本一直
   墊高,萬一股價在高檔剛好遇到大盤拉回,股價也跟著拉回,容易讓

原本獲利扯平。所以只買進這 3 次，讓自己的進場均價相對低，這樣
股價拉上去後獲利才會大。

5. 但是，若股價在箱型整理區間超過 2 ～ 3 個月以上，主力籌碼仍一
直買進，在箱型整理的第 2 個月～第 3 個月期間，股價有整理低點
時，可再擇機加碼 1 次，畢竟每檔股票主力籌碼一直買進的整理區
間不一。總之，主力籌碼越買越多，後面終究是要拉出一波，否則
主力怎麼出貨停利呢？而且主力買那麼多的籌碼，能在短短幾日內出
完嗎？

6. 做股票千萬不要一直往上加碼，要把握低檔買進的紀律，盡可能讓自
己的進場均價是相對低，股價往上則是要準備找賣點停利，只要把這
個買進的 SOP 學起來，股價買了就是等停利，當停利後再用相同的
SOP 找下一檔股票。

7. 投資股票千萬別捨不得賣，只要有本，股市有行情，就有買進的機會，
寧可賣錯也不抱錯。

　　存飆股除了報酬率明顯較高之外，波段獲利所需的時間也遠比存股來得短，如果 1 年能夠操作好幾波的話，兩者的報酬率差距將會非常明顯。不過，還是要再度提醒投資人，主力籌碼一直買進的存飆股標的，與大盤順勢而為的成功機率大，當然存飆股的方法不可能百分之百每次都成功，萬一狀況不如預期的時候，一定要當機立斷出場，讓損失維持在最低狀態。這樣才能讓自己享受高報酬、低損失的大賺小賠的常勝交易，這就是投資迷人之處。

　　總結來說，存主力籌碼一直買進的股票，當股價突破整理區間，若主力籌碼仍持續買進，型態仍維持底底高的多頭走勢，往往都有數成的波段報酬，甚至是倍數的獲利。

贏家觀點 用好工具輕鬆存飆股

1. 當觀察到 KD 打勾整理末端的股票時，就可以輸入至下單券商的電腦版或手機 App，隔天若有價漲量增警示時（比如股價上漲 2%、成交量 500 張等），便可提醒自己下單。

2. 為解決一般投資人上班忙碌，沒時間篩選標的。我設計了一款名為「Winner 印鈔機 – 主力籌碼選股術」App 選股工具，能更輕鬆看出主力正在做的股票狀況及籌碼型態，趁股價回檔就能搭上主力順風車！

3. 透過 App 內建獨家設計「蓄勢待發」策略，可一鍵將整理末端的股票找出來，投資人可以參考 App 篩選出的標的，做自己熟悉的籌碼與型態的股票，隔日若有攻擊訊號出現，做好資金控制即可擇機進場。

4. 另外，還可透過 App 內建獨家設計「主力續買」策略，可以立即找出主力正在布局的潛力股。投資人可以從 App 中篩選出來的股票，找自己熟悉的標的，列入主力一直買進的股池，當股池中的股票又出現整理末端訊號時，就要擇機逢低入市。

Winner 印鈔機 -
主力籌碼選股術 App

https://cmy.tw/009yDi
掃描 QR Code 即可下載 Winner 印鈔機－
主力籌碼選股術 App

3－4
存飆股最大魅力
長短線操作皆宜

抓住進場以及出場的原則之後，接下來就談持有股票的心法，到底是應該做短線呢？還是應該想辦法把投資週期拉長成中長線投資呢？

答案其實很簡單：每個人的投資步調、風險忍受程度以及投資風格各有不同，所以應該是因人而異。怎麼說呢？每個人的操作性格不一樣，有些人只要股票放著不動為期好幾個月，就會覺得全身上下不對勁，好像少了一些安全感；也有些人認為股票最好不要常看，只要久久審視一次，能夠賺錢就好，最好是能夠長長久久一直漲不停，或是每年配發豐厚的現金股利、股票股利，還能快快填息、填權。

我覺得，投資人可以做短線，賺賺價差，當然也可以從短線轉成中長線，大波段的操作。我的操作心法很簡單，一開始觀察一檔股票1、2個月，發現主力籌碼開始默默買超，加上個股的基本面沒有太大問題的話，就可以列入口袋觀察名單。

在這段期間當中，股價多數還沒有明顯地波段大漲，而是維持在一定區間上下游走，這時候就可以開始以「低買高賣」的方式，在箱型區間做價差交易，每次進場大概賺個5%～10%，如此低買高賣幾趟累積下來，也會有不錯的報酬。

短線賺價差 累積獲利、風險有限

在股價箱型整理這個階段當中，也可以賺價差的低買高賣方式進行價差操作，採用這樣的方法雖利潤不算很高，但幾次的累積也有不錯的獲利，而且風險有限（因為主力籌碼仍是一直買進），若不想做此價差交易者，想要在主力籌碼持續買進的過程中，逢低分批建立股票也可以，以賺取後面如預期噴出去的波段行情。

若發現「高賣」之後，股價不但沒有下來（這現象往往出現在股價突破箱型整理，且主力籌碼買進），還一路向上，

主力籌碼一直買進，這時候就是股價慣性改變，往往將再重啟波段攻勢，投資人可以再把股票買回來，以波段方式操作，等到有賣訊出現再出場。

我們在操作時對股價漲跌不預設立場，因為股價決定權在市場，在手上有錢、有籌碼的主力大戶身上，所以我們該做的就是進場後等待，等什麼呢？等到股價高檔時，出現主力賣超、持續賣超，股價轉弱等明顯賣出訊號，或者大盤高檔轉弱將拉回，這時候就可以考慮波段獲利出場。

至於是要出一半，還是全出，就要看主力的籌碼變化，如果是賣超幅度大、股價急跌或是連續性下跌，這時候就可以全數出場（詳細賣訊和策略，待第 4 章說明）。

舉例來說，從圖表 3-4-1 可見，穩懋（3105）在 2020年 8 月下旬股價落底後，主力籌碼開始持續買進，買超天數明顯多於賣超天數，而且投信和外資也有小幅買超。

10 月 12 日穩懋股價量增價揚，大漲 7% 收在 310 元，出現明顯的攻擊訊號，這時候就可以等待拉回底部或是拉回平台整理的末端，準備出手。11 月 4 日穩懋 KD 打勾（圖表 3-4-1 位置❷），可以進場，隔天 KD 進一步黃金交叉，且主

力籌碼買超、股價增量上攻，這時候更是不錯的進場時機。

之後穩懋在 2021 年元月一度大漲到 467.5 元的波段高點，換算下來，不到 3 個月的時間，當初進場的部位已經有 5 成左右的獲利。這時候就等賣出訊號出現（圖表 3-4-1 位置 ❼、❽、❾），再獲利出場即可。

成本低、漲幅大　讓獲利持續在場上跑

對於部分投資人而言，如果進場之後，股價波段漲幅相當大，這時候遇到主力調節、股價拉回時，可以考慮部分出場，或是乾脆由短中線，轉成中長線投資，畢竟成本低、獲利拉大了，無論波段停利或讓獲利在場上一直跑也可以。

怎麼說呢？如果現在的股價是 100 元，你當初進場的平均成本在 50 元，報酬已經有 1 倍之多了，這時候就算是主力進行調節賣出，股價可能進入整理，但只要型態維持多頭的底底高，手中持股的產業趨勢長期看好，公司的基本面也沒有問題，通常股價在短期內拉回的幅度要到 5 成是有難度的，也就是說，股價要跌回你的進場成本的機會不大，這時候就可以考慮長抱股票。

圖表 3-4-1 ⇨ 穩懋（3105）K 線圖

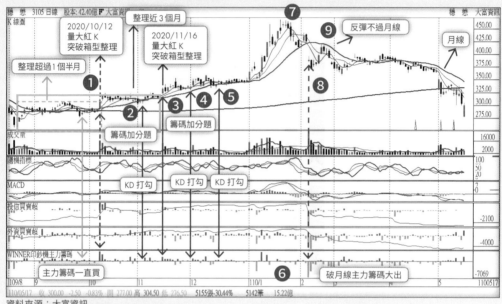

資料來源：大富資訊

💻 **說明** ....

籌碼一直買進的買、賣說明

1. 股價落底後主力籌碼一直買進達1個月 （位置❶綠色虛線框），且剛好有拉回，積極者可以酌量進場試單。10月12日量增價漲，突破主力籌碼一直買進達1個半月的整理區間，可以擇機進場買進。

2. 10月12日股價突破主力籌碼一直進的箱型整理後，股價雖沒有拉上去，但在主力籌碼連2天大買、投信籌碼連3天大買後，股價進入高檔的平台整理超過1個月以上，這段股價整理期間主力籌碼一直買進，是標準的籌碼加分題（位置❷藍框內的橢圓

區域），主力籌碼持續買進已達 2 個半月，有籌碼加分題的整理末端 KD 打勾出現時，要把握進場的機會（位置❷）。

3. 11 月 16 日股價突破主力籌碼一直進將近 3 個月的箱型整理，可以擇機進場布局。股價突破箱型整理區後若有籌碼加分題（位置❹和❺），要把握再次布局的機會，尤其是離自己建倉的均價在 20% 以內（當然越低越好）。

4. 股價拉出波段漲幅後，在高檔有主力籌碼持續調節（位置❻），且型態轉弱就可以開始分批停利（位置❼）。

5. 若股價高檔出現型態轉弱，跌破月線、籌碼大出，更要持續停利出脫股票（位置❽藍色虛線）。

6. 當股價破月線之後籌碼持續賣出（藍色矩形區域下方），就要把剩下的持股全停利。

7. 股價破月線後反彈不過月線，就是弱勢反彈（位置❾），而且該波的反彈中主力籌碼是一直出的（綠色矩形區域下方），若還有持股者宜全部停利，以防股票弱勢反彈再次下殺的力量與幅度增大。

贏家觀點

股票市場中沒有標準答案，達到波段獲利後，出現停利的賣訊就要分批停利，依照進出場的常勝 SOP 去執行，這樣我們就會一直停利。不要擔心賣錯股票，寧可賣錯也不抱錯，抱錯的傷害是很大的。股票會贏、常贏的方法 1、2 招就夠用了，有好方法在，停利之後，我們仍可以用此賺錢方法找到下一檔股票。

　　我的自身操作經驗，以及我的學生當中就有不少的例子，主要就是因為當初的進場成本實在夠低，而且股價波段漲幅也大，遇到一底比一底高的長多走勢，持有時間也在半年、1 年以上了，這時候長抱算是順理成章，除非產業趨勢以及公司基本面出現重大變化，否則就不預設立場，也不用預設高點，繼續持有。

　　舉例來說，2020 年 3 月受到新冠疫情影響，全球股市與台股出現一波急跌走勢，許多績優好股票同樣殺聲隆隆，其實這時候就是絕佳的進場時機，好股票只有在外在因素（比如新冠疫情）造成大跌時才有低點可撿便宜。

　　有些股票在急殺前主力籌碼已經買進一段時間，原本股價上升趨勢走得好好的，因為外在因素干擾造成急殺，主力根本沒有出場，這就是我們要找的股票，當股價落底後主力籌碼大舉買進，正是我們撿便宜的時候。因為主力也知道，股票的基本面與產業趨勢發展沒變，這是千載難逢的跳樓拍賣機會。

　　以廣達為例，從圖表 3-4-2 可見，2020 年第 1 季主力籌碼多數時候都站在買方，3 月因為疫情而急跌的幾天，主力

賣超幅度也不大（藍色區域），但是隨後的反彈走勢當中，主力買超力道卻是大了許多。以 3 月 19 日廣達股價最低來到 50.7 元來看，隔了幾天，3 月 24 日大漲近 9% 收在 57.3 元，當天主力籌碼大舉買超，KD 指標也出現黃金交叉，自此至 7 月 31 日主力籌碼就一直買進。

投資人試想，如果當初你也買在 50 多元這個價位，回過頭來看廣達這 1、2 年的走勢，之後別說 5 字頭了，股價連 6 字頭也沒有回來過，廣達還一度在 2021 年 3 月見到百元高價，到 2021 年底也還有 9 字頭，如果把這段時間的配息也算進來，這個大波段的投資報酬幾乎已經翻倍。

這樣的績優好股票，加上投資人持有的成本又低，每年的現金殖利率又高，從短中線投資轉成長期持有，似乎也未嘗不可。這也是存飆股的魅力所在——長短線都能賺，且只要成本夠低，透過長期持有賺大波段，可以加快財務自由速度。

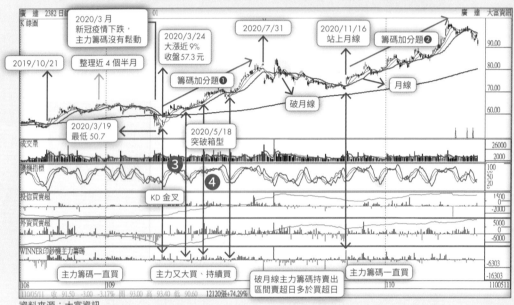

圖表 3-4-2 ➲ 廣達（2382）K 線圖及主力買賣超、KD 技術指標

資料來源：大富資訊

💻 說明 ....

當產業好的股票有籌碼一直買進時，可做價差也可以抱長，就看自己的操作屬性和資金配置。

1. 主力籌碼自 2019 年 10 月 21 日開始買進後，就維持一直買進達 1 年 5 個月之久。若進場成本低，獲利拉大後也可以長抱；若資金部位小，大賺一波後，當股價上漲創高後轉弱（黃色區域的藍圈），主力籌碼賣出（黃色區域下方的籌碼賣出），持續賣出破月線也可以先停利。

2. 等股價再次站回月線，主力籌碼也在大買時（2020 年 11 月 16 日），之前高點有停利的部位，可以再買回來。

3. 綠色區域箱型整理時有籌碼一直進，可以進場布局。

4. 籌碼加分題❶中整理末端（位置❸和❹的綠圈）因為離布局成本較近，可以再進場，而位置❹的綠圈正是突破箱型的最後加碼機會。

5. 股價若上漲後，離布局成本較遠了（已獲利中），就不加碼。除非要做價差，才在籌碼加分題❶和❷內整理末端（藍圈）出現，再進場做價差交易。

6. 股票在逢低買進布局後，股價往上就讓獲利跑，別一直加碼讓自己的成本變高。除非再次進場的部位要做價差交易，才低買高賣。

贏家觀點

當技術線型很醜的時候，就是產業好股票的中長期投資價值將浮現。

投資小辭典 月線是維持多頭的重要防線

1. 股價要維持強勢多頭往上攻，守住月線非常重要。當股價跌破月線必須 3 日內站回月線（越早站回就越強，破月線當日馬上站回當然最強，表示主力要守月線），若籌碼持續賣出，就要提防再次下殺的力道。

2. 跌破月線之後，若股價大漲，也就是 K 線收長紅站上月線，表示主力要重啟多頭的企圖心越大。當主力籌碼持續買進，股價就能再往上續漲。

圖表 3-4-3 ➔ 存飆股的進出場 SOP

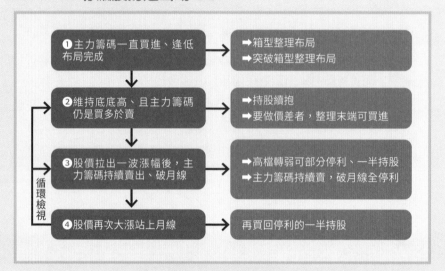

💻 **說明** ....

1. 階段❶：在股價還沒大漲前，布局完成（箱型整理區間布局和突破箱型整理布局）。

2. 階段❷：股價突破箱型上漲後，維持底底高的多頭型態，想做價差者可以在整理末端買進，之後有賣訊再停利，低買高賣做價差，做波段者就參考停利的策略。

3. 階段❸：當股價拉出一波漲幅、創新高後，股價高檔有主力籌碼持續賣出且破月線就要停利一半。主力籌碼賣超仍持續，破月線就要全部停利。

4. 股價再次大漲站回月線，且主力籌碼也大買，因為此時股價往往比我們階段❶布局的成本高出不少，所以再次買回時，只買回原本賣出的一半持股。這樣做，是不要讓我們的持股成本增加，而且沒有人能保證接下來股價是否能有一波大行情，尤其是漲很久的股票。

5. 再次叮嚀，股市有本才是王道，只有每次都波段停利，這樣股本才會一直大增。有好方法就能複製成功經驗，布局下一檔「存飆股」。

✎投資筆記

3-5
產業飆股不只看熱鬧還要看門道

「內行看門道，外行看熱鬧」，每一次當大盤處於多頭走勢的時候，投資人常常會發現，各個階段的主流股都不一樣，像是 2021 年航海王、矽晶圓、IC 設計、ABF 載板、低軌道衛星（星鏈）、鋼鐵股等族群股都風光大漲過；近 1、2 年則是政策相關的風力發電等綠能概念股、矽晶圓、IP、金氧半場效電晶體（MOSFET）、二極體、第三代半導體、電源管理 IC（PMIC）、高速傳輸介面 IC 等，以及更早在 2 年前因應新冠疫情的防疫族群等。

對於一般投資人來說，於盤面上大漲的熱門股的態度通常有 3 階段不同反應。第 1 階段，這類族群股會一起大漲，

不外乎是市場的題材或者背後有基本面與產業趨勢的支撐，不懂的人就認為有人在「炒作」，而錯失這波行情，懂的人就會發現要把握一波賺錢的機會。

到了第 2 階段，當投資人發現，熱門族群股的股價不但沒有明顯拉回，反而還一路扶搖直上，這時候投資人就會開始動搖了，所謂「股市連漲 3 天，散戶不請自來」就是這種道理。在這個階段，投資人有點半信半疑，心裡面想著：或許這個熱門族群背後有什麼故事，是大家還不知道，而有些消息靈通或是嗅覺敏銳的人，已經聽到風聲、看到跡象，所以知道股價會看似沒來由地一直往上漲。

直到第 3 階段，股價已經漲了一大波，投資人若手上還是沒有這個熱門族群的股票，這時候不少人手癢難耐，就會買上那麼幾張，心想只要不是最後一隻老鼠、接到最後一棒就好，於是就勇敢地大舉進場或加碼。

通常，接下來的結果，要嘛就是賺了一小波，「幸運地」小賺出場，要嘛就是股價開始上沖下洗，投資人被洗掉、白忙一場，或者是多數散戶投資人會遇到的狀況，那就是住進「套房」，最後賠錢出場。

　　股市的熱門族群更迭不斷，但是投資人的下場往往都是一樣。那麼，散戶該如何跳脫賠多、賺少的惡性循環呢？

族群類股有齊漲、齊跌現象

　　其實，投資人最該做的就是先練就基本功，也就是先了解熱門族群的基本面及趨勢，看出族群股整齊上漲的現象，對操作股票有很大的幫助。這裡提供投資人一個參考的官方網站「產業價值鏈資訊平台」（網址：ic.tpex.org.tw），這是櫃買中心與證券交易所提供的上市、上櫃與興櫃等主要國內產業相關基本資訊，以及各個產業的上下游關係等基本面資訊。

　　舉例來說，2021 年上半年最熱門的族群當屬航運類股，我們就用龍頭長榮海運（2603）為例，只要在該網站的搜索列鍵入股票名稱，或是打上股票代號，就可以知道長榮是屬於「交通運輸及航運」產業鏈當中的「貨櫃航運」。

　　除了貨櫃航運之外，交通運輸及航運產業鏈當中，還有散裝航運、海陸空貨運承攬、貨櫃運輸集散及倉儲、海陸空大眾運輸等分類。

圖表 3-5-1 ➲ 族群股──海運

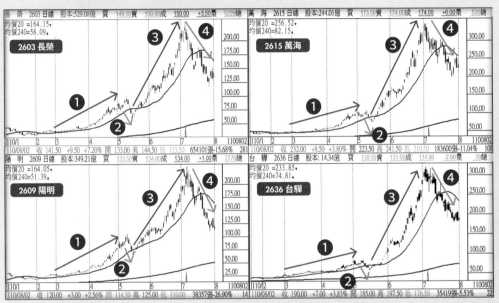

資料來源：大富資訊

💻 **說明** ....

1. 圖中 4 檔海運族群股的走勢，是不是很像團體 4 人組的舞蹈表演呢？4 檔個股的舞步幾乎同步。

2. 從 2021 年 3 月開始，這 4 檔海運股就是整齊的一起漲（位置❶、❸的波段漲幅），一起跌（位置❷、❹的波段跌幅），漲跌的時間幾乎相近，這樣整齊地一起漲、一起跌持續了將近 1 年。

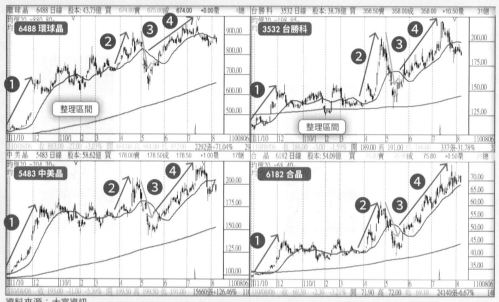

圖表 3-5-2 ⇨ 族群股──矽晶圓

資料來源：大富資訊

💻 說明 ‧‧‧

圖中 4 檔矽晶圓族群股，從 2020 年 10 月開始就是整齊地一起漲（位置❶、❷和❹的波段漲幅），一起整理（綠色區域），一起拉回（位置❸的大波段跌幅），漲跌的時間幾乎相近，這樣整齊地一起漲、一起跌持續超過 1 年。

從媒體資訊 找熱門股觀察標的

除此之外，投資人也可以從當下新聞資訊中常出現的股票，自己建立族群股的觀察標的，比如 2021 年第 2 季剛竄出的低軌道衛星，以及 2021 年第 4 季常常聽到的元宇宙、NFT 概念股，上網 Google 搜尋關鍵字「元宇宙概念股」就會有一堆相關的族群股出現。

連續幾天，新聞資訊常提到的熱門族群股，就是當下很夯的主流股，當籌碼湧進這類股票時，就會變成市場資金追逐的標的，常言道：「水往低處流，資金往飆股走」，市場的資金很聰明，總會找到出口，當資金流到某族群股時，若我們可以在第一時間察覺到，除了能跟著吃到湯水外，有時也會吃到大肉。

跟著族群股走 鈔票自然就會來

有了產業關聯資訊及各個產業概況介紹後，投資人就可以開始了解市場各個熱門族群的基本面以及產業趨勢。如果發現有個產業最近很熱門，除了可以探究其基本面狀況外，

圖表 3-5-3 ⟩ 族群股──元宇宙

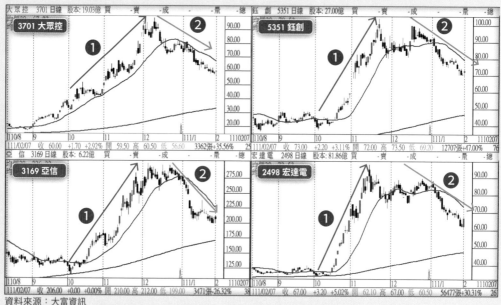

資料來源：大富資訊

💻 說明 ....

1. 「元宇宙概念股」是 2021 年第 4 季全球剛竄起的新智慧概念股，市場常言道「舊不如新、新不如奇」，當市場一有新的題材出現，該族群類股往往是先漲再說，甚至只要沾到邊的也都一起漲，簡直就是群魔亂舞。

2. 圖中 4 檔元宇宙族群股，大都是 2021 年 10 月中一起大漲（位置❶），短短 2 個月左右拉出 2 ～ 3 倍以上的漲幅，12 月中之後再一起下跌（位置❷）。

還可以進一步查詢上下游產業，或許還可以比別人早一步發現下一個熱門族群。做一點功課，就有機會像主力、法人一樣「買在起漲點」，快速賺取波段的錢，何樂而不為？

　　了解產業基本資訊之後，再來只要運用本書提到的簡單操作技巧，並且嚴格遵守操作紀律，這道紀律就是「買低賣高」，而不是「追漲殺跌」，如此一來，相信投資人都可以賺多賠少、大賺小賠，加快邁向財務自由的腳步。

　　由以上的族群股範例，大家可以清楚看到，族群內的相關概念股有同步上漲的現象，同一族群股內的股票有不少檔，比如矽晶圓族群股中，有人熟習環球晶（6488）、有人熟悉台勝科（3532）、有人熟悉合晶（6182）或中美晶（5483），投資朋友可以操作自己熟悉的那一檔股票，進場的原則是只要有主力籌碼進來，這個時候就可以擇機進場布局，跟著主力買在相對低點。若發現得比較晚，不敢追高，就照整理過後的整理末段 SOP 進場。

　　當族群股持續上漲時，就會形成市場所說的「主流股」，當資金一起追著特定的族群時，行情往往不會那麼快結束，通常會先大漲一波段，就像大的郵輪啟航後，需要很多拖船

才能讓它倒退。尤其是形成產業趨勢的族群股，會持續大漲一段時間，比如矽晶圓、電源管理 IC、高速傳輸介面 IC、ABF 載板、車電相關等族群股。

抓住族群股起漲點　大賺一波

當族群股齊漲時，若能在第一時間察覺到，就能跟著主力買在相對低點，大賺波段行情。

要如何在族群股發動的第 1 天就偵搜到呢？如前述提到的，首先透過新聞資訊或 Google 先建立各族群股的分類，然後把要觀察的族群股輸入到券商的看盤軟體等可以觀看股票的軟體套件，若盤中看到某一族群大漲，就可以擇機酌量布局試單，若盤後該族群股中的股票都有主力籌碼大進，隔天也可以再加碼，這樣平均成本就可以買在相對低。

若盤中不方便看盤也沒關係，晚上有空時，瀏覽自己所建立的族群股，看看該族群股中的股票是否都大漲或者出現漲停，若有某一族群股的漲幅都很大、很強，而且也有主力籌碼大買，那麼隔天就要擇機進場布局。

只要族群股一動，就會有母雞帶小雞的效應，意思是族

圖表 3-5-4 ➜ 觀察族群股脈動

DRAM 族群（18_DRAM） ▼漲跌% 14/23

代號	股名	買進	賣出	▼漲跌%	成交
3006	晶豪科	174.00	-	+9.78%	174.00
6485	點序	138.00	138.50	+7.82%	138.00
5351	鈺創	78.80	78.90	+6.92%	78.80
2344	華邦電	34.90	34.95	+6.90%	34.90
8299	群聯	485.50	486.00	+6.70%	486.00
2408	南亞科	74.10	74.20	+4.66%	74.20
3260	威剛	87.90	88.00	+4.64%	88.00
2337	旺宏	41.90	41.95	+3.84%	41.95
4967	十銓	41.85	41.90	+2.33%	41.85
5289	宜鼎	206.50	207.00	+2.23%	207.00
8271	宇瞻	47.95	48.00	+2.13%	47.95
6239	力成	96.80	96.90	+2.11%	96.80
8088	品安	22.60	22.65	+1.80%	22.65
8112	至上	51.30	51.40	+1.39%	51.30

PCB 族群（11_PCB） ▼漲跌% 1/36

代號	股名	買進	賣出	▼漲跌%	成交
4958	臻鼎KY	104.00	104.50	+8.34%	104.00
3189	景碩	186.50	187.00	+8.12%	186.50
2368	金像電	77.90	78.00	+7.30%	78.00
8046	南電	489.00	489.50	+6.42%	489.50
3037	欣興	225.50	226.00	+6.12%	225.50
2383	台光電	258.00	259.00	+5.73%	258.50
5439	高技	54.40	54.50	+5.02%	54.40
6672	騰輝電	111.00	111.50	+4.70%	111.50
4927	泰鼎KY	93.70	93.80	+4.58%	93.70
6278	台表科	116.50	117.00	+3.09%	117.00
8358	金居	70.90	71.00	+3.06%	70.90
2313	華通	44.75	44.80	+2.99%	44.80
4989	榮科	39.30	39.35	+2.75%	39.35
6266	泰詠	25.55	25.60	+2.62%	25.55

運輸（19_航運） ▼漲跌% 1/22

代號	股名	買進	賣出	▼漲跌%	成交
2609	陽明	133.00	133.50	+4.73%	133.00
5607	遠雄港	62.60	62.70	+4.16%	62.70
2615	萬海	167.50	168.00	+4.03%	168.00
2607	榮運	37.70	37.75	+3.86%	37.70
5609	中菲行	104.50	105.00	+3.47%	104.50
2612	中航	53.90	54.10	+3.45%	54.10
2636	台驊	132.50	133.00	+3.11%	133.00
8367	建新國	50.30	50.40	+3.08%	50.30
5608	四維航	45.80	45.85	+3.04%	45.80
2606	裕民	63.40	63.50	+2.93%	63.40
2605	新興	28.20	28.25	+2.73%	28.25
2601	益航	12.35	12.40	+2.49%	12.35
2603	長榮	146.50	147.00	+2.45%	146.50
2617	台航	36.05	36.10	+2.13%	36.05

矽晶圓族群（16_矽晶圓） ▼漲跌% 1/8

代號	股名	買進	賣出	▼漲跌%	成交
3707	漢磊	127.00	-	+9.96%	127.00
3532	台勝科	317.00	-	+9.88%	317.00
1560	中砂	129.00	-	+9.79%	129.00
6488	環球晶	679.00	680.00	+7.10%	679.00
3016	嘉晶	123.00	123.50	+6.96%	123.00
6182	合晶	74.80	74.90	+6.40%	74.90
5483	中美晶	179.50	180.00	+5.58%	180.00
8028	昇陽半	51.80	51.90	+5.18%	51.80

台積電概念股族群（42_台積） ▼漲跌% 1/19

代號	股名	買進	賣出	▼漲跌%	成交
1560	中砂	129.00	-	+9.79%	129.00
6187	萬潤	146.50	147.00	+7.33%	146.50
4755	三福化	167.00	167.50	+7.03%	167.50
4770	上品	247.50	249.00	+6.66%	248.50
3583	辛耘	89.10	89.20	+5.94%	89.20
8091	翔名	90.90	91.00	+5.82%	91.00
1773	勝一	219.00	219.50	+5.80%	219.00
3131	弘塑	306.50	307.50	+5.33%	306.50
8028	昇陽半	51.80	51.90	+5.18%	51.80
3413	京鼎	222.00	222.50	+4.96%	222.50
3587	閎康	141.50	142.00	+4.03%	142.00
2338	光罩	93.10	93.20	+3.45%	93.20
8027	鈦昇	68.60	68.70	+3.00%	68.70
6196	帆宣	155.50	156.00	+2.98%	156.00

鋼鐵（21_鋼鐵） ▼漲跌% 1/32

代號	股名	買進	賣出	▼漲跌%	成交
5009	榮剛	24.95	25.00	+4.61%	25.00
2023	燁輝	24.95	25.00	+3.32%	24.95
2008	高興昌	19.25	19.45	+2.92%	19.45
2010	春源	23.90	23.95	+2.80%	23.90
2013	中鋼構	57.90	58.00	+2.30%	57.90
2009	第一銅	44.75	44.80	+2.06%	44.80
2022	聚亨	13.35	13.40	+1.91%	13.40
2007	燁興	19.40	19.50	+1.58%	19.40
2030	彰源	33.00	33.05	+1.54%	33.00
2028	威致	40.10	40.15	+1.52%	40.10
2032	新鋼	31.85	31.90	+1.44%	31.85
2211	長榮鋼	59.50	59.60	+1.37%	59.50
2017	官田鋼	19.00	19.05	+1.33%	19.05
2015	豐興	91.40	91.60	+1.33%	91.60

加權指數 17448.22+507.39(+2.99%) 4016.85億 9745167張 2246347筆 6669 總額 75
櫃檯指數 211.47 +7.30(+3.57%) 市濃 882(9) 跌 59(0) 平 36 未十億06 133.07 +0.00(+0.00%)
15:04 《自營商實單》 今日實均51.7044億元　　[5009] 時報資訊 15:05:44

資料來源：大富資訊

💻 說明 ....

1. 平常有空就建立如上圖的各族群股分類名單，有些券商軟體也有提供題材的分類，可參考其分類，再輸入到自己的看盤軟體中，當然也可以做筆記以免自己誤刪族群類股。

2. 從圖中可清楚看出，當天的族群股以矽晶圓族群相關概念股最強。

圖表 3-5-5 ➡ 族群股的操作 SOP

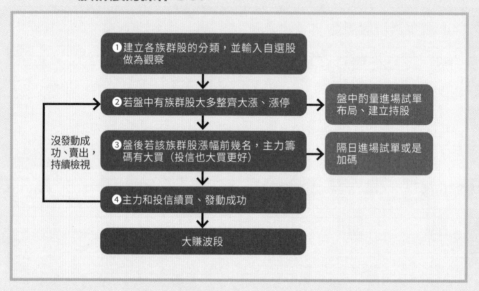

💻 **說明** ....

1. 平常有空就建立各族群股分類名單,並輸入到自己的看盤軟體中。

2. 若盤中有族群股一起大漲、漲停,此時可酌量進場試單布局、建立持股。

3. 如果盤中沒進場,盤後該族群的漲幅前幾名都有主力籌碼大買,有投信也跟著大買更好,隔日若該族群仍續強,就要逢低進場或加碼(前一天已有買進者)。

4. 一旦族群股續漲,主力和投信的籌碼(投信會幫我們篩選基本面)也持續買進,往往會拉出一波段的行情。

5. 若只漲 1、2 天就休息,且主力籌碼持續賣出,就要跟著賣。無論是小賺或小賠,保本為要。

6. 依紀律在發動前 1、2 天買進族群股,若發動成功(關鍵在主力籌碼的持續買進)就大賺一波段,甚至是倍數以上的獲利,但是如果走勢不如預期,頂多小賺或小賠,這樣的風險與報酬,自己評估好,操作族群股就沒壓力。

群股中最強的領頭羊一漲，其他股票也會跟著漲。比如，矽晶圓的族群在某一天都大漲，以環球晶的漲幅最大（最好是漲停），盤中也是環球晶最強，最早急拉，若該族群股不只 1 檔漲停，就以最早漲停者為最強。隔日若環球晶持續大漲，其他同族群股票，台勝科、中美晶、合晶也會被環球晶的大漲帶動，跟著漲起來。

　　觀察族群股的脈動，這一招好學、好上手，跟著族群股走，印鈔自然有。

贏家觀點 1 對 1 教學 不怕學不會

1. 投資朋友可訂閱我的文章，我在文章中會教大家，如何觀察族群股的脈動，掌握主流股。
2. 透過個股的案例，做技術面、籌碼面、型態面和基本面的教學，教大家看出股票漲跌的關鍵。
3. 除此之外，投資朋友也會學到操作技巧，如買在起漲前、如何汰弱留強等股市印鈔的好方法。
4. 也會教大家研判大盤的方向。
5. 1 對 1 專屬教學，只要你肯學，不用怕學不會。
6. 交易日的盤後，老師陪你做功課一起學習，學會變成聰明的投資人。

Winner 印鈔機
DreamPlayer 訂閱 QR

https://cmy.tw/00C76o
掃描 QR Code 即可訂閱文章

第 4 章

提高勝率
堅守贏家策略

4−1
存飆股
該長抱還是賺價差？

本書的第 1 章先把投資觀念釐清，第 2 章讓讀者學習大盤、基本面、技術面與籌碼面的相關實用知識，第 3 章則分段拆解「存飆股」的 DNA 與操作心法。對於存飆股的觀念以及方法都有一定的認識之後，接下來第 4 章就要帶著讀者進入操作實戰的部分。

如果投資人平常就很忙，同時，對於投資的基本知識也有一定的掌握程度，那就可以直接研究本章的內容，之後有時間再回頭去「蹲馬步」，複習基本功。

要強調的是，我並不反對存股，如果投資人不想冒風險，想要買個穩健配息的股票放著不動，穩穩領取現金股利，我

覺得並非不可。只是，存股是一種價值型投資的方式，財富累積速度會比較慢，需要長時間慢慢累積，才會看到一定的成果。

舉例來說，市場上用來研判台積電（2330）的投資價值，就是跟美國的 10 年期公債殖利率比較，若台積電當下的預估殖利率高於美國 10 年公債殖利率，台積電的投資價值就浮現，就會有外資的被動買盤進場。此時，可以不用多加思考地慢慢存，相信台積電這種績優的世界級企業，長期應該可以帶給投資人穩健的報酬。

此外，價值型存股通常要在股市大跌時進場，存股比較有意義，因為此時能夠買在股價相對低檔的位置，就能拉高殖利率。以台積電 2021 年配息約 11 元來計算（按 2021 年前 2 季的季配息都是 2.75 元推估），若台積電股價 550 元，殖利率就是 2%；若台積電股價跌到 500 元，殖利率就是 2.2%；若跌到 450 元，殖利率就是 2.44%，若台積電股價再往下跌或者配息增加，台積電的殖利率才會變高。

台積電 2022 年 4 月股價大致就在 500 ～ 600 元之間游走，一旦股市大跌，這種具世界級競爭力的龍頭績優公

司，若股價跌破 450 元，或甚至來到 400 元附近，中長期
投資的機會將浮現，若此時有主力籌碼持續買進，往往也是
底部了。

> **📖 名詞釋義：股票殖利率**
>
> 股票殖利率是存股族常用的選股參考指標之一，簡單來說是指將
> 錢投入市場、買股票可以拿到多少比例的股息。從下方公式可得
> 知，當股價越高，殖利率越低；反之當股價越低，殖利率越高。
>
> 📋 計算公式：股票殖利率（％）＝配息 ÷ 當下股價

▍存股 vs 存飆股 獲利速度不同

不過，越來越多人知道存股不一定最好，因為存股已經
流行 10 多年了，大盤這幾年因為大多頭的走勢，造就不少個
股的股價越來越高，進一步導致股票殖利率也變低，大環境
和過往已經大不相同。以前大家最愛的幾個存股標的，像是
電信股的中華電（2412）、台哥大（3045）、遠傳（4904）
等，這幾年在其他競爭者加入後，已經不是少數寡占的狀況，
加上獲利成長有限（甚至不進反退），本益比又維持在高檔，

這幾年的殖利率已經較過去降低了。

此外，以往傳統存股方式，認為既然要長線持有，只要定期買進即可，不用特意挑選進場時間。但如果投資人想要加快獲利的腳步，就要選擇產業趨勢向上、近 10 年配息率逾 7 成，且配息穩健（能成長更好）等基本面條件好的股票，當做「成長型存股」，也就是「存飆股」的口袋名單。

接下來，投資人要釐清的是，如果你買進股票之後，想放中長線不動，但是又希望長線下來的報酬比單純存股來得好一些，那麼投資人要在大盤有大幅度拉回時，採取「危機入市」的方式操作，通常在這種時候進場，長期（至少 1 年以上）來看，不管是勝率或是報酬率，都會相當可觀。

舉例來說，我認為矽晶圓產業的長線趨勢可望向上，指標股之一的中美晶（5483）中長線的獲利成長令人期待，如圖表 4-1-1。如果投資人想要等待危機入市的機會，2021 年 5 月新冠疫情衝擊台股大跌，當時就是相當好的進場時機，以 5 月 17 日波段低價 140 元來看，到了 12 月底，中美晶的股價已經大漲接近百元之多，波段漲幅高達 7 成。

再往前推算，2020 年 3 月全球新冠肺炎爆發造成股市

恐慌性下跌,當時中美晶股價從 2 月的高點 118 元開始拉回,到了 3 月 23 日最低一度來到 73.6 元,短短 1 個月股價大跌將近 4 成。如果當時投資人勇於危機入市,且抱持著中長線持有的存(飆)股心態,放到 2021 年底,股價約 240 元來看,已經是當初低檔時的 3 倍價錢,漲幅非常驚人。

千萬別忘了,進場的成本低,除了未來上漲後可以享有資本利得(賺價差),還能領到隨著公司獲利成長而增加的現金股息。以中美晶 2020 年所配發的 9 元股利計算,如果以 2021 年底中美晶股價約 240 元來看,殖利率還不到 4%,然而,如果當初是在中美晶股價 7 字頭進場,如今的現金殖利率高達 12% ～ 13%。

▌選對好股票 能長抱也能做價差

我選擇的「存飆股」標的,除了領股利外,更積極一點的人,可以用「賺價差」的方式操作,在每次股價拉回底部的時候,伺機出手,等到波段累積一定漲幅、高檔又有主力開始調節的時候,再獲利出場。當然,如果累積的漲幅相當大,而且手上持有的又是長期趨勢向上的好公司,可以考慮

圖表 4-1-1 ➡ 危機入市 更能提高存股效益

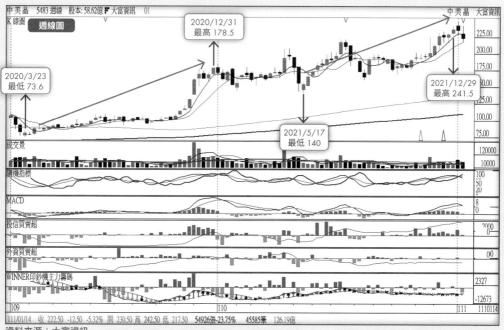

資料來源：大富資訊

💻 **說明** ....

產業體質好的好股票，若因大盤外在因素的干擾而造成股價大跌（比如新冠肺炎），
中長期投資的機會將浮現，也是撿便宜的好時機。

從賺價差轉成存股，此時雖然和傳統存股一樣是拉長持有個股的時間，但是因為進場方式不同，報酬率會像飆股一樣相當可觀。

同樣以中美晶為例（圖表 4-1-2），在 2021 年 5 月新冠疫情衝擊台股大跌時，中美晶在 5 月 21 日出現 KD 指標打勾向上且黃金交叉，當天主力籌碼也轉為買超，就是股價拉回底部的絕佳進場時機，即便投資人不小心錯過，之後 1、2 個交易日中美晶持續獲得主力買超且拉出紅 K 棒，也是不錯的買進機會。

即便是以 5 月 25 日收盤價 164 元 ，而不是 5 月 17 日最低點的 140 元來計算，到了 7 月 22 日除息日前，中美晶股價最高已經來到 220 元左右，波段漲幅超過 3 成，價差高達 56 元。如果是在 7 月 27 日中美晶股價跌破月線時出場，當天收盤價 196.5 元，相較於進場價格也有近 2 成的漲幅表現，才不過 2 個月的時間，投資報酬率 2 成，相較於傳統存股 1 年賺 5%，算是相當不錯的數字。

在此特別提醒投資人，1 檔好股票可以做價差，當然也可以抱長線，端視個人投資風格與屬性而定，而自己的屬性

圖表 4-1-2 ➡ 中美晶（5483）主力買賣超與 KD 指標

資料來源：大富資訊

💻 **說明** ....

1. 2021 年 5 月，台股受新冠疫情衝擊大跌，中美晶在 5 月 21 日出現 KD 指標打勾向上、黃金交叉，且主力轉為買超，是拉回底部進場賺價差的好時機。

2. 自 5 月 25 日進場，到 7 月除息日前，股價波段漲幅已經超過 3 成。

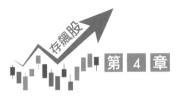

也只有自己知道。不過,有些投資人賺一點就賣、賠了就不賣,等到大賠才忍痛殺出,這樣大賠小賺的惡性循環,就是因為不會控管資金、沒有操作紀律,這時候就需要重新學習如何買在起漲點,並且嚴守出場的操作紀律。

贏家觀點

1. 除息前若股價已經大漲一波,除息前有高點宜先停利賣出,除了先波段獲利入袋外,更可避免除息後行情結束、股價拉回。

2. 除息後,主力籌碼持續賣出,股價的跌幅就大,如圖表 4-1-2 中的位置❶。

✎投資筆記

4－2
買在起漲點
讓股市成為提款機

這一個章節要談的是如何買在股票的起漲點，可以說是這本書精華當中的精華，除了希望投資人熟讀這個章節之外，我更希望大家能夠真正開始買在起漲點，不要受到外界舖天蓋地、龐大且雜亂的消息面所影響，而是確實遵守操作紀律，買對了就持續抱著，買錯了就斷然出場，不要猶豫。

台股從 2022 開年之後，大盤指數雖然一度再創新高，但是上櫃指數卻是打從新年開紅盤第 1 天，指數就開始收黑，甚至一路向下拉回，這代表主力在拉抬大型股的時候，一邊出脫中小型股票，使用「聲東擊西」的障眼法，趁機出貨。

自 2020 年低點 8,523 點至 2022 年 2 月下旬，不到 2 年的時間，台股已大漲了 1 萬點，多數上市櫃公司的股價基期大幅墊高，當漲到一定程度，後續若還要持續往上走的話，業績一定要持續成長，這樣股價在修正後就還有機會再度往上。

不論是新冠疫情、2022 年籠罩股市的通貨膨脹隱憂，或是全球央行的貨幣政策等，這些對股市帶來的影響，終究會隨時間漸漸淡去，不管市場怎麼變化、行情好壞，投資人還是要回歸到學會如何選股比較實際，當然，產業趨勢向上的標的，一定是列入口袋名單的首選。

賺錢的方法 學會 1 招就夠用

一般來說，只要大盤的狀態是屬於多頭或是盤整格局，這時候指數的狀況應該是漲多跌少，個別股票上漲的機會應該也會大於下跌的機會，這時候就可以偏多操作。

手上資金比較多的投資人，在個股上漲進入整理量縮時，若股價出現上漲且 KD 打勾，並有主力籌碼買進，就是「整理末端」的訊號，此時可以考慮提早進場布局，因為在量縮的

時候，常常會有相對低價出現，不過，這比較適合資金足夠且膽大心細的投資人，進場後必須密切觀察大盤與個股的主力籌碼，以及技術型態的發展態勢。

手上資金不多的投資人，則可以等到底部確認的時候，再開始進場布局，也就是說，股價出現上述「上漲後進入量縮整理，股價出現上漲且 KD 打勾，並且有主力籌碼買進」的整理末端底部訊號後，隔天若再出現量增價漲的攻擊訊號，就是順勢做多買進的機會。買在個股整理一段時間、出現起漲的第 1 根，若順利出現整理後的中長紅 K 棒，往往會從 KD 打勾變成黃金交叉。

這起漲第 1 根就是股價整理後（或底部確認）的好買點，當然若主力籌碼持續買進，股價往上彈升的力道就更大。只要熟練「買在整理末端起漲第 1 根」這一招，資金的運用就會很有效率。反之，如果股價在上漲一段時間之後，出現中長黑、KD 空頭交叉，且主力籌碼賣出，通常就是波段高點，股價將進入整理或拉回的轉弱跡象，股價高檔主力籌碼持續賣出，拉回力道就大。

細心一點的讀者可以發現，其實這個操作技巧幾乎是慣

穿全書的方法,這也是我經常和學生說的,好用的方法只要1招就能持續賺到錢,重點還是在執行的紀律。回到本章節重點,要如何買在起漲點?實際操作上,確認底部、買在起漲前相對低檔或起漲點,通常會有2種情境與跡象出現,以下詳細說明。

▌情境①:拉回底部的整理末端

我一向不建議投資人追高,更不建議買在漲了一段的相對高檔位置,因為這時候主力隨時可能調節,股價一但反轉或是拉回,剛進場的投資人馬上就面臨住套房的窘境。所以,我的操作原則一定是「拉回底部」的時候,才會伺機進場,買在底部起漲前,往上就等停利,別去追高。

什麼是拉回底部的整理末端?股票在多頭行進中,當股價上漲一波之後,股價不再創高就會進入整理,這時候股價通常會下跌,而且成交量比之前上漲時明顯縮小,此時若觀察到以下幾個跡象,包括:「股價3天不破新低」、「主力籌碼買進」、「價漲」、「技術指標 KD 打勾」,就是拉回底部的整理末端。

　　當以上現象出現時，就是明顯拉回底部的整理末端跡象，也是拉回買進的時機。此外，如果發現股價拉回後，型態呈現底底高，且當天股價上漲、K線收長下影線或紅K、主力籌碼有進來，可以提早研判是拉回底部，隔天若股價又出現量增價漲的明顯攻擊訊號，也可以擇機進場。

　　至於主力籌碼也很容易理解，只要看當天收盤後的資訊，就可以得知主力籌碼是買超還是賣超；KD打勾或是黃金交叉也是一樣，投資人所使用的券商看盤與下單軟體，就可以看得到KD技術指標的強弱狀況，和主力籌碼的買賣超。

　　股價連續3個交易日不再出現新低價，這個概念應該不難理解，假設今天全場股價最低是100元，最後收在102元，隔天收盤下跌1元以101元作收，但是全天股價都沒有低於100元，再過2天股價仍然沒有見到比100元更低的價位，這時候就符合股價3天不破新低的條件。

　　我們來看拉回底部整理末端的實際例子，從圖表4-2-1可見，新光鋼（2031）在2022年3月9日的股價上漲，且收長下影線（位置❶）、型態底底高、主力籌碼買進（位置❷），故當天可以提早研判是拉回底部，不用等股價3日不

圖表 4-2-1 拉回底部整理末端 範例：新光鋼（2031）

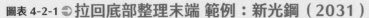

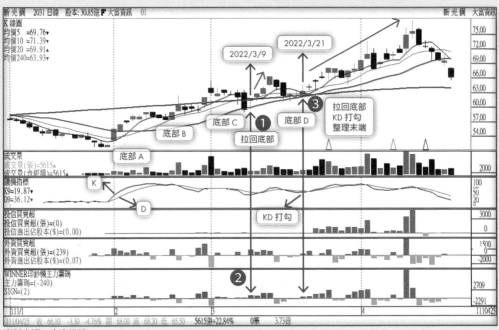

資料來源：大富資訊

💻 **說明** ‧‧

股價拉回時若主力籌碼有持續買進，要把握逢低進場的機會。或者搭配價漲，且 KD
打勾等現象，積極進場。

破新低價，隔天可以擇機買進。

再看圖表 4-2-1，新光鋼在 2022 年 3 月 21 日的股價價漲，且 3 日不破新低價、主力籌碼買進、KD 打勾（位置❸），故可以研判當日是拉回底部的整理末端。這種有主力籌碼一直買進的整理末端訊號出現時，隔天就要積極布局，從圖中可見，新光鋼股價後來拉出了一波超過 20% 的漲幅。

此外，如果投資人發現股價走勢不如預期，跌破拉回底部的最低價，就應該停損出場。股市沒有 100% 絕對的事，也就是說，萬一發生預期外的意外狀況，建議要當機立斷，守住資產並把虧損控制在最小範圍，這絕對是在股市生存的第一優先原則。

▍情境②：平台整理的整理末端

什麼是平台整理的整理末端？股票在多頭行進中，當股價上漲一波之後，股價不再創高就會進入整理，因為股價拉回幅度較小，所以視為平台整理。這時候如果出現以下 3 個跡象，包括：「價漲」、「主力籌碼買進」和「技術指標 KD 打勾」，就是平台整理的整理末端。

平台整理時如果有籌碼一直買進，在價漲且 KD 打勾的當天可以進場布局，若盤後主力籌碼也買進，隔天有量增價漲的攻擊訊號，投資人就可以積極進場。只是這邊要特別注意的是，最好是在股價漲幅沒有很高的時候進場，因為成本越低當然越好。

　　這種平台整理方式和拉回底部不一樣的地方在於，這是股價更為強勢的表現，因為是在高檔做強勢整理，股價從波段的高點拉回整理幅度有限（通常會在 7%、8% 以內做橫向整理，目視 K 線圖為一字形的整理）。在平台整理末端，當開始發現主力籌碼再度進場、技術指標 KD 打勾或黃金交叉，這時候也是不錯的進場布局好時機。

　　同樣的，如果發現股價走勢不如預期，只要跌破近 3 天的低點，或是跌破平台整理的最低價時，也要立刻停損出場。

　　我們再來看平台整理末端的例子，從圖表 4-2-2 可見，上銀（2049）股價進入平台整理區間（綠色區域位置❻），在 2020 年 11 月 27 日出現價漲且 KD 打勾，因為主力籌碼在股價整理時仍持續買進（紫色區域位置❷），投信、外資的籌碼也共襄盛舉，所以當天可以積極進場布局。

　　若盤後主力籌碼也買進（位置❷），符合平台整理的整理末端（位置❶）的現象，隔天有量增價漲的攻擊訊號，可以積極再進場。從圖中可見，股價隔日發動攻擊，隨後拉出一波逾 3 成的波段行情，獲利超過 90 元。

　　再看圖表 4-2-2，只要主力籌碼一直買進（藍色區域位置❹），投信和外資籌碼也一直買，就是籌碼加分題，此時眼睛要盯緊，積極者可在平台整理（綠色區域位置❼）時逢低酌量布局，等到價漲且 KD 打勾的訊號出現再積極買進。

　　2020 年 12 月 30 日，上銀出現價漲且 KD 打勾（見圖表 4-2-2 位置❸），當天有看到的投資人可以積極買進，因為是主力籌碼一直進的籌碼加分題。有價漲、KD 打勾和盤後主力籌碼買進 3 條件，符合平台整理的整理末端買進訊號，隔日又有量增價漲的攻擊訊號，要積極把握進場的機會。

▎再練熟 1 招 多 1 次賺錢機會

　　股票市場上會賺錢的方法精熟幾招，就能成為股市常勝軍了，把自己看得懂的招式（進出方法）熟練，比如整理末端的訊號和籌碼一直進的籌碼加分題等，當股票符合技術面

圖表 4-2-2 ➡ 平台整理末端 範例：上銀（2049）

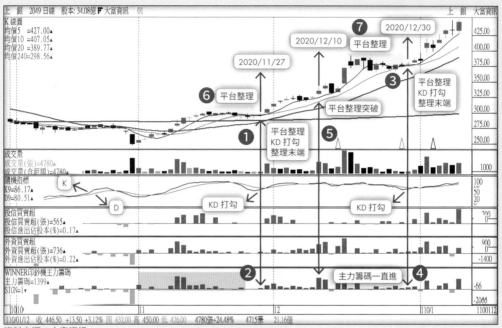

資料來源：大富資訊

💻 **說明** ·······························

只要是籌碼一直進的股票，有拉回底部或整理末端的買進訊號出現，就要把握買進的
機會，直到股價高檔型態轉弱為止（可參考圖表 4-2-1 的賣訊）。

（KD 打勾、型態底部、型態底底高），以及籌碼面（主力籌碼買進、投信也買更好）等條件，有上漲後整理末端訊號出現，就要好好把握逢低進場布局的機會，以上訊號沒有出現前不躁進，繼續等待，做一位好獵人，這樣在股市上的勝率就會大幅提高。

股市上不用頻繁進出，只等待符合多方股票有好的籌碼、好的型態出現再進場，賺多賺少自己決定，這樣一出手就能把股市當作自己的提款機。

要在股市多賺錢，就要多付出一點，再練熟 1 招，就多 1 次出手賺錢的機會。原則上，我們都是在股票上漲後進入整理時，伺機找逢低布局的機會，若有 KD 打勾的訊號出現，就有起漲前低買的機會。但有些股票在整理時，KD 指標沒有經過打勾，直接出現「價漲的 KD 金叉」訊號，遇到這種情況，買進的方法也類似 KD 打勾的整理末端。

股價上漲後進入拉回底部的整理，或者是平台的整理，沒有經過 KD 打勾，而直接出現價漲的 KD 金叉，盤中若有發現 KD 金叉，股價有拉尾盤時，積極者可擇機酌量布局。若盤後也有主力籌碼買進，隔日又有量增價漲攻擊訊號時可伺機

贏家觀點

把會賺錢的 1、2 招學好，就夠你在股市印鈔、提款了。精熟股價整理過後的觀察與進場布局，買在起漲前或買在起漲第 1 根，往上不要加碼，而是觀察賣出訊號，逢高停利。有價差賺價差（每次進場能賺 7%～8%，甚至以上，這樣積少成多，資金增加的速度會加快），有波段賺波段，有倍數賺倍數。

圖表 4-2-3 ➡ KD 指標中的打勾和金叉

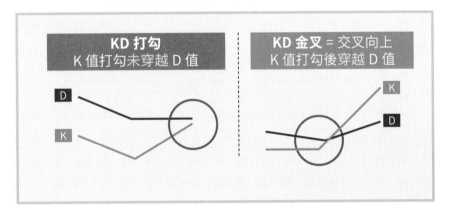

再進場。

如前述，觀察股價整理後直接 KD 金叉的買進方法，跟整理末端的方法都一樣。我們用以下的例子來說明，從圖表 4-2-4 可見，鈺齊 –KY（9802）分別在 2022 年的 2 月 16 日和 4 月 20 日（位置❷和❻），股價經過整理後 KD 直接金叉，啟動一波上漲。

圖表4-2-4⊃抓住起漲點 綜合範例：鈺齊-KY（9802）

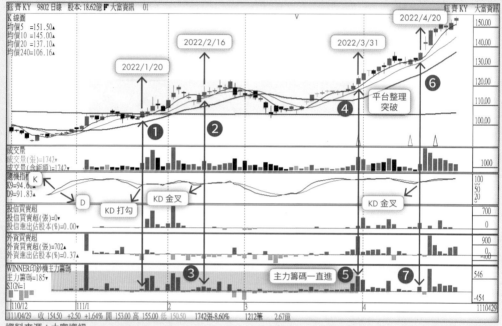

資料來源：大富資訊

💻 **說明**

股票進入整理後，買在起漲前與買在起漲第 1 根的觀察。

1. 股價整理後的觀察，一般而言，股價下跌時，KD 指標的 K 值也跟著下降，當股票止跌上漲，K 值就往上，形成我們講的「KD 打勾」，若股票持續上漲將形成「KD 金叉」。

2. 若股價上漲後進入整理，有 KD 打勾的整理末端訊號出現，就多了一個讓我們提前逢低介入的機會。

3. 搭配 KD 打勾，讓大家多一個指標可以觀察股價的上漲。盤中若發現 KD 打勾，可以買在起漲前的相對低檔，若隔日如預期攻擊，可以再加碼，有 2 次起漲前的低買機會，如果股價續漲，KD 就出現黃金交叉。

圖表 4-2-5 ➔ 股價上漲後進入整理的布局 SOP

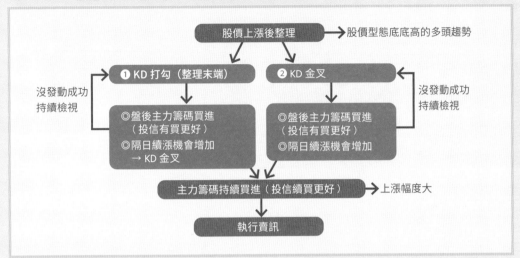

💻 說明

1. 做自己熟悉的籌碼與型態的股票。

2. 只要有主力籌碼一直買進，股價整理過後要把握逢低進場的機會，尤其是籌碼加分題。

3. 當自己觀察的股票，K 線型態呈現底底高的多頭趨勢時，只要股價上漲後進入整理，尤其是在整理區間有主力買進（投信也有買更好），就要特別留意是否 KD 打勾（見標示❶）。當盤中有價漲 KD 打勾時，膽大心細的積極者，可以擇機布局。盤後有主力籌碼買超（有投信買更好），隔日若量增價漲再擇機進場。

4. 若股價整理後，價漲且 KD 直接金叉（見標示❷），也可擇機進場，盤後如果有主力籌碼買進，投信也買進，隔日也可擇機布局。

5. 股價整理後拉出 1 根的關鍵就是要有主力籌碼買進，當主力籌碼持續買進（投信也買更好），股價續漲的機會就大增。

6. 主力籌碼就是資金動能，要推升股價當然要有資金進來，正如火要燒得越旺，就是要不斷地燒木炭（主力籌碼續進，股價續漲），當沒有繼續供應木炭，火勢就不再強（主力沒續買，股價就進入整理），若再繼續供給木炭，火又旺起來了（整理過後，主力籌碼又買進，股價就再漲）。

7. 當觀察到高點有主力籌碼調節賣出，型態也轉弱就要適時停利保本。

4-3
賣股票要技術
也是門藝術

要進入股市很容易，不過投資人一定聽過「股票會賣才是師父」這句話，因為，賣股票不但需要技術，有時候還是一門藝術。上一節提及如何買在起漲點的實戰操作之後，這裡就來談談對投資人實務操作非常重要的「如何賣股」，這也會牽涉到投資人進出股市是要拼短中期的「價差」，還是著重中長期的「存飆股」。

在進入如何賣股票這個主題之前，要先和投資人釐清一個重要觀念：不論是做價差或存飆股，其實用的操作方式相同，只是操作的週期不同。

這 2 種操作方式，在一開始買進都是以買在起漲點為目

標，至於賣出，做價差是賣訊出現就可以部分或分次停利，而存飆股則是把操作時間拉長，所以賣訊出現時，要放寬股價回檔的幅度，或是部分停利、部分繼續持有。

首先，來看看賣訊出現的 3 個條件，包括型態轉弱、KD 死亡交叉、主力籌碼賣超。

▍賣出訊號①：型態轉弱

一般而言，越強勢的股票，在多頭攻勢期間，股價肯定是一路大漲，幾乎不太會拉回，這時候股價的型態，很有可能是沿著 5 日均線呈現「高角度」上衝；次強的股票，大致上就是沿著 10 日均線向上進攻；再其次，大致就是拉回守住月線（20 日均線）後，再次往上攻擊，繼續呈現型態底底高向上的多頭趨勢。

要維持底底高的多頭格局，必須要守住月線（20 日均線），多頭才有機會再創新高，一旦多頭跌破月線，不僅要注意原本底底高的多頭前進慣性改變外，更要提防跌破月線走弱轉空的走勢，尤其是破月線主力籌碼大賣出，股價下跌的力道與幅度。

　　嚴格來說，只要股價創新高後收長上影線或中長黑，就要特別留意股價的短線拉回整理，尤其盤後也出現主力籌碼賣出，有可能是短線主力逢高調節出貨，要提防型態轉弱後的拉回力道，畢竟小心駛得萬年船，不要預設股價高點，這樣投資股票才不會套住。

▌賣出訊號②：KD 死亡交叉

　　KD 指標是技術分析最常會用到的指標，運用這個指標的假設是，在股價上升過程中，KD 值會逐漸走高；反之，在股價修正過程當中，KD 值會逐漸走低。

　　當 KD 在低檔打勾向上或是出現黃金交叉的時候，代表股價在最近一段時間的修正走勢中，有反彈向上的企圖，後續有機會向近期的高價靠近，這時就可以視為底部訊號。

　　先前提過，KD 打勾向上或是 KD 黃金交叉（多頭交叉向上）就是買進訊號，而一旦 KD 向下彎或是空頭交叉（死亡交叉向下），如圖表 4-3-1 所示，就是賣出訊號。當然，只要是訊號，沒有百分之百永遠準確，但是整體而言，KD 出現黃金或死亡交叉，可以作為觀察短線轉折的開始。

圖表 4-3-1 ➡ KD 指標轉弱的變化

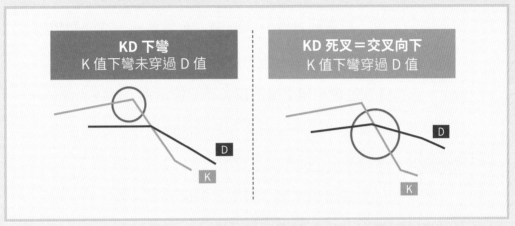

KD 下彎
K 值下彎未穿過 D 值

KD 死叉＝交叉向下
K 值下彎穿過 D 值

💻 **說明** ....

KD 向下彎或是空頭交叉（死亡交叉向下）就是賣出訊號，要注意的是，訊號沒有百分之百準確，但大致可作為觀察短線轉折的開始。

▌賣出訊號③：主力籌碼賣超

　　主力籌碼是本書強調的核心觀念之一，主要是因為主力不論是資金實力或是產業熟悉程度，多半都領先一般散戶投資人，可想而知主力比較容易買在相對低檔，在吸納足夠的籌碼之後，再伺機發動攻擊。之後，只要主力籌碼維持買多賣少的趨勢，股價通常會一路扶搖向上。

　　主力籌碼會在什麼時候出現轉折呢？通常主力會在股價上漲一波後，趁著利多消息滿天飛，市場熱絡、成交量放大時，開始悄悄出貨調節，這也是大家常常聽到的「利多出貨」，這時候往往會出現帶量的黑 K 棒，或是長上影線 K 棒，若漲多時，也會在大盤開高衝高後趁機調節出貨。之後主力賣多買少，股價通常拉回的幅度會較大。

　　總之，只要股價創高後，有主力籌碼賣出，就要特別留意股價是否轉弱，若主力籌碼持續賣出，要及時停利。有花堪折直須折，莫待無花空折枝。

　　會賣股才是師父，心中只有 K 線型態，沒有股價，型態 K 線才是王道。有賣訊出現，就要執行賣出動作，千萬別預設股價未來的漲跌，股市中沒有絕對 100% 的事情，也沒有標準答案，往勝率高的買賣操作方向去操作就好。該買就買，該賣就賣，這樣操作股票就會清安自在。

　　寧願賣錯也不要抱錯，抱錯股票的結果往往比賣錯股票嚴重許多，賣錯是少賺，抱錯是大賠。千萬別捨不得賣股票，股票市場行情會不斷存在，再多錢也買不完，只要把方法學好，不用怕沒股票可買，機會只給準備好的人，所以保留資

金實力很重要。

相對於買訊而言，一般人較不熟悉賣訊，我們就多舉幾個範例讓大家學習觀察，學會如何賣在相對高點。無論是股票的買進和賣出訊號，大家都要熟練，做自己熟悉的籌碼和型態，好好印證學習並精熟，這樣就會事半功倍。

▌賣訊範例①：股價創高後隔日走弱

股價上漲創新高且K線收中長紅，隔天若是開平盤下收黑（如圖表 4-3-2 和圖表 4-3-3 位置❶虛線），這時投資人就要小心。

理論上股價創高且K線收中長紅（收在相對高點），表示主力仍有往上作價的意圖，若隔日開盤直接開平盤下就不對勁，正所謂「該強不強就是弱」，表示收中長紅這天，主力趁盤中上漲出貨，持股者若在盤中發現宜先執行賣出停利，尤其是大漲一波的股票。

若收盤收中長黑，且盤後主力籌碼賣出，下一個交易日若無止跌仍轉弱（圖表 4-3-3 位置❶開低走低後，隔日仍走弱），要及時執行賣訊。

圖表 4-3-2 ➡ 創高隔日走弱 範例：創意（3443）

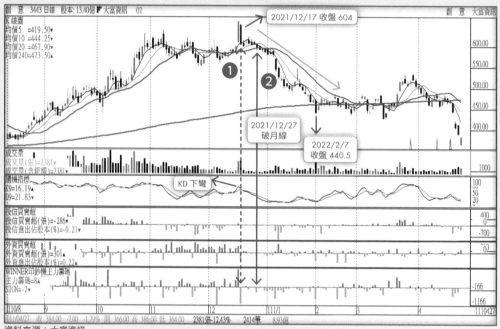

2021/12/17 收盤 604

2021/12/27 破月線

2022/2/7 收盤 440.5

KD 下彎

資料來源：大富資訊

💻 **說明** ....

1. 創意在 2021 年 12 月 16 日出現漲停板（K 線收中長紅，隔日直接開平盤下（位置 ❶虛線），開低走低收中長黑，表示主力沒有作價意願。盤中若有看到開低走低，要及時停利。

2. 2021 年 12 月 17 日盤後主力籌碼賣出，股價上漲無力，2021 年 12 月 27 日跌破月線（位置 ❷），主力籌碼大出，隔日執行賣訊就能避開大跌段。

圖表 4-3-3 ➜ 創高隔日走弱 範例：晶宏（3141）

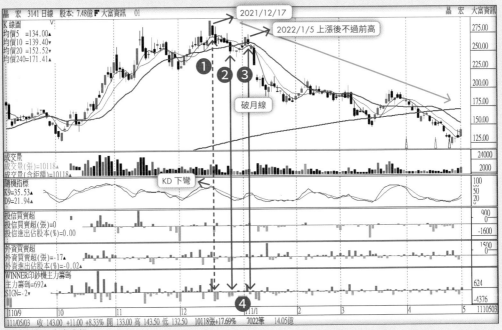

資料來源：大富資訊

💻 **說明** ....

1. 晶宏在 2021 年 12 月 16 日出現漲停板，隔日直接開平盤下（位置❶虛線），開低走低收中長黑，表示主力沒有作價意願。盤中若有看到開低走低，股價也大漲一波了，要及時停利執行賣訊。

2. 2021 年 12 月 17 日盤後主力籌碼賣出，下一個交易日後股價走弱，就要適時停利賣出，且主力籌碼持續賣出（位置❹），股價破月線後（位置❸）就一路大跌。

▌賣訊範例②：股價創新高當天走弱

　　股價上漲創新高當天，收長上影線或收中長黑（圖表
4-3-4、圖表 4-3-5 位置❶虛線），若也有量大的現象，要留
意主力趁股價衝高出貨，當天盤中發現此現象要先賣出，尤
其是大漲一波的股票；盤後發現主力籌碼也賣出，隔日若無
止跌仍轉弱，要及時賣出。

　　在股票市場要長青、常賺，最重要是要先健康活著，才
能一直壯大自己，也就是把損失降到最低，並有居高思危之
心，股票大漲一波段後，高檔有出現賣訊就要減碼停利，成
本高的則要全部停利，這樣不僅保住本，交易更是常停利，
如此自己的資金也會一直增加。股票市場只要有行情，只要
有本就有機會再賺，所以不用怕賣掉了沒有股票可以買。

贏家觀點

股票大漲一波後，出現創新高走弱且主力籌碼持續賣出，要提防拉回的深度。若股價在高檔區間，主力籌碼賣超日多於買超日，有高點要及時停利。股價跌破月線、主力籌碼一直賣出時，股價往往有一波跌幅。

圖表 4-3-4 ➔ 創新高當日走弱 範例：聯發科（2454）

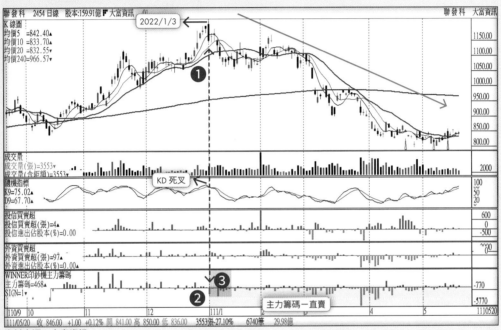

資料來源：大富資訊

💻 **說明** ....

1. 2022 年 1 月 3 日，聯發科股價創近 2 個半月的波段新高後，當天走低收中長黑（位置❶虛線），就要執行賣出。

2. 2022 年 1 月 3 日盤後主力籌碼大賣，隔日若沒能續強仍走弱，就要及時賣掉。

3. 股價創高後主力籌碼持續賣出（位置❸粉紅色區域）、股價下跌，要及時賣掉。

圖表 4-3-5 ⟶ 創高當日走弱 範例：漢磊（3703）

資料來源：大富資訊

💻 **說明** ....

1. 2021 年 11 月 2 日，漢磊股價創大波段漲幅的新高後（位置❶虛線），當天走低收中長黑，就要執行賣出。

2. 2021 年 11 月 2 日後主力籌碼持續賣出（位置❸藍色區域），要及時賣掉。

3. 漢磊在 11 月 2 日出現創高的賣出訊號後，守住月線再次上漲，11 月 16 日再次出現創高後的中長黑賣出訊號，若投資人盤中有看到就要停利。當日收盤沒過前高，盤後主力籌碼賣出，11 月 2 日至 11 月 16 日這期間，主力籌碼明顯賣出多於買進（位置❸藍色區域），若股價轉弱要及時停利。

4. 執行賣訊很重要，別以為第 1 次創高後（11 月 2 日），股價仍有上漲（11 月 16 日）就忽略賣訊，如此才能避開 11 月 16 日後的大跌。

▌ 賣訊範例③：股價創新高後型態轉弱

股價創新高，漲幅力道減少後，若股價在高檔有主力籌碼賣出（圖表 4-3-6 位置❷、圖表 4-3-7 位置❸、圖表 4-3-8 位置❶），便要留意轉弱的賣訊一出現，要立即停利，尤其要注意高檔主力賣出後，型態轉弱且主力籌碼持續賣出的下跌力道。

常見高檔型態轉弱的範例如下：❶股價創高後，1、2 根長黑 K 吃掉前幾天的紅 K；❷連續幾根黑 K 棒吃掉之前底部上漲的部分（圖表 4-3-7 位置❷綠色區域、圖表 4-3-8 位置❸綠色區域）。

只要出現上述幾種高檔型態轉弱的現象，要立即停利，否則股價跌破月線且主力籌碼持賣出，往往還有一大波的向下跌幅。

贏家觀點

股價在高檔出現跌停板就是不對勁，尤其是大漲一波之後，就如同一個健康的人走路莫名其妙跌倒，表示有問題。所以股價高檔出現中長黑 K，要及時賣掉。

圖表 4-3-6 ➡ 創新高後型態轉弱 範例：台勝科（3532）

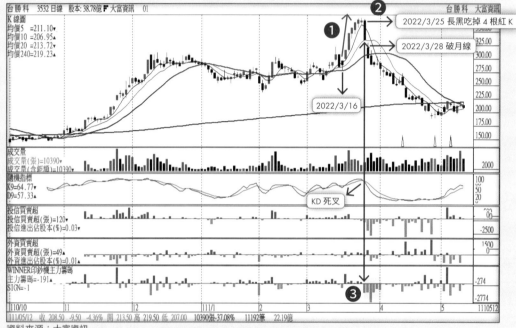

資料來源：大富資訊

💻 **說明** ....

1. 股價創高後，當高檔轉弱、主力籌碼賣出的賣訊出現（位置❷），執行停利賣出，可以賣在相對高點。

2. 台勝科股價創高後，在 2022 年 3 月 25 日出現型態轉弱的長黑 K 賣出訊號，盤中有看到要及時停利。

3. 3 月 25 日出現跌停板且主力賣出，長黑 K 線吃掉前面的 4 根紅 K，整個型態轉弱（位置❷），若盤中沒注意到，隔日要及時賣出。

4. 下一個交易日，3 月 28 日股價跳空往下走弱，要及時賣掉，收盤跌破月線，且主力籌碼賣出，技術面、籌碼面、型態面已轉弱。

5. 高檔主力籌碼持續賣出，破月線股價又往下大跌一波。

圖表 4-3-7 ➡ 創新高後型態轉弱 範例：雙鴻（3324）

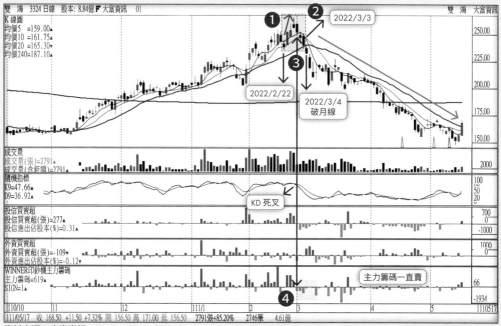

資料來源：大富資訊

💻 **說明**

1. 股價往上創高後，當高檔轉弱、主力籌碼賣出的賣訊出現（位置❸），執行停利賣出，可以賣在相對高點。

2. 2月22日後，出現連續4天上漲的K線（位置❶藍箭頭），接著連3天出現下跌黑K，把自2月22日連續上漲的部分都吃掉（圖中綠色區域），高檔型態轉弱，仍持有者，要擇機賣掉保本。

3. 高檔主力籌碼持續賣出，3月4日破月線後股價又往下大跌一波。

圖表 4-3-8 ➡ 創新高後型態轉弱 範例：瑞昱（2379）

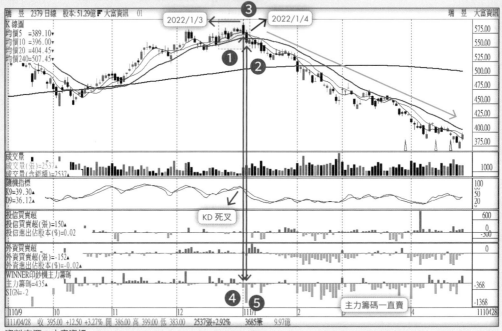

資料來源：大富資訊

💻 **說明** ⋯⋯⋯⋯⋯⋯⋯⋯⋯⋯⋯⋯⋯⋯⋯⋯⋯⋯⋯⋯

1. 1 月 3 日瑞昱股價往上創高後，就要等高檔轉弱和主力籌碼賣出的賣訊出現（如位置❶），執行停利賣出，賣在相對高點。

2. 隔日 1 月 4 日又是收中長黑且破月線，持有者當天宜賣出，連續 2 天出現下跌的黑 K，把 1 月 3 日前 8 天的上漲的部分都吃掉（圖中綠色區域），高檔型態轉弱，仍持有者，要擇機賣掉保本。

3. 高檔主力籌碼持續賣出（位置❺藍色區域），股價一路往下大跌一波。

▌看到賣出訊號要紀律執行

股價創高，尤其是大漲一波之後，若出現前面 3 種賣出訊號之一，要及時停利，不能存有僥倖之心，否則若跌破月線、主力籌碼持續賣出，當型態轉弱走空（如圖表 4-3-2 ～圖表 4-3-7 等 6 張圖跌破月線後大跌），股價大跌會造成捨不得賣的重大損失。

以下用博智（8155）和晶焱（6411）2 檔股票為範例，股價創高的隔天（圖表 4-3-9 位置❶），和股價創高當天（圖表 4-3-10 位置❶）出現賣出訊號時，要執行賣股紀律；股價拉回守住月線時買回，隨後出現一波上漲攻擊（圖表 4-3-9、圖表 4-3-10 中的紅色箭頭）。後續股價在高檔出現主力籌碼賣出（圖表 4-3-9、圖表 4-3-10 位置❷），之後型態轉弱，自然也要執行高檔股價轉弱的賣出紀律。

若第 1 次賣訊出現時沒有執行（圖表 4-3-9、圖表 4-3-10 位置❶），自然第 2 次的轉弱賣訊（圖表 4-3-9、圖表 4-3-10 位置❷）就捨不得賣，這就是人性的弱點，一旦股價跌破月線，會造成更重大的損失。

圖表 4-3-9 ➔ 執行賣訊的重要 範例：博智（8155）

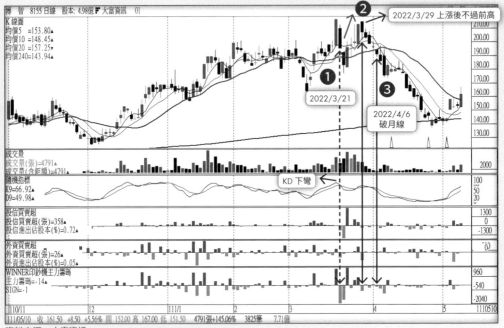

資料來源：大富資訊

💻 **說明** ....

1. 第 1 次賣出訊號：圖中位置❶虛線，股價創高後隔日走弱為標準賣訊。博智在 2022 年 3 月 18 日出現漲停板，下一個交易日 2022 年 3 月 21 日直接開平盤下，開低走低收中長黑 K，表示主力沒有作價意願。盤中若有看到開低走低，要及時停利，否則隔日也要執行停利，畢竟股價已大漲超過 3 個半月，高檔出現標準的賣訊，要依紀律執行，停利保本。

2. 第 2 次賣訊：圖中位置❷，股價創高後型態轉弱的標準賣訊。若無執行賣出紀律，以為幸運的彈回去（圖中紅色箭頭），自然在 2022 年 3 月 29 日型態轉弱時也不會賣，後續就會遇到破月線的大跌。

3. 第 3 次賣訊：圖中位置❸，跌破月線的賣訊。

圖表 4-3-10 ➡ **執行賣訊的重要 範例：晶焱（6411）**

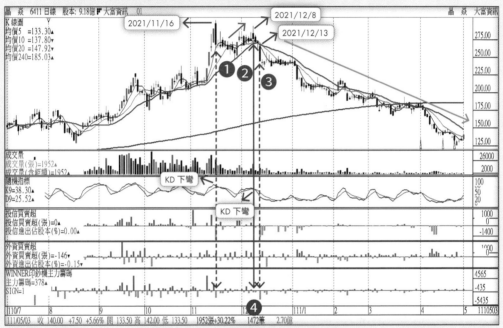

資料來源：大富資訊

💻 **說明** ....

1. 第 1 次賣訊：圖中位置❶虛線，股價創高後當日走弱的賣訊。

2. 第 2 次賣訊：圖中位置❷實線，股價創高後當日走弱的賣訊，隔日股價連續收黑，型態轉弱，也是賣訊。

3. 第 3 次賣訊：圖中位置❸虛線，股價跌破月線。

233

贏家觀點

1. 由以上範例可以看出，只要高檔有主力籌碼持續賣出，一旦破月線股價往往有一波不小的跌幅，不要輕忽。
2. 切記，股價低買後，往上不追高加碼，而是等賣訊出現獲利出場。若維持型態底底高的型態，就形成波段漲幅，至於自己要做價差或抱波段，就看自己的操作屬性。

圖表 4-3-11 ➲ 股價創高後的出場賣訊 SOP

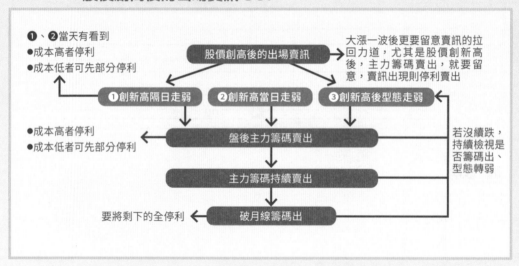

💻 **說明**

1. 成本高者，第 1 次賣訊出現就要全停利，保本為要。成本較低者，可以部分停利。

2. 股價創高後，主力籌碼持續賣出，第 2 次停利，若型態仍走弱、跌破月線就要第 3 次停利、全部賣出，如此可以讓自己平均賣在相對高的均價。

投資筆記

圖解攻略
抓住存飆股獲利精髓

前面提到，1檔好股票可以做價差，也可以抱長線，端視個人投資風格與屬性而定，因此賣出訊號出現時，想「長線存飆股」的人該如何處理呢？更進一步來說，如何做到長線賺波段、短線賺價差？這個章節要以詳細的圖解說明，教大家找到自己的獲利方式程。

這邊再次強調一下，學會方法不難，但在操作過程當中，外在環境一定會有許多的雜音干擾，所以，投資股票最重要的還是「紀律」。

如果投資人希望能夠抱到 1 檔長多的飆股，這時候有 2 種操作方式可以使用。

▍長線存飆股操作①：拉回幅度放寬

上漲中的股票，要能延續多頭往上繼續攻擊的慣性，就是股價拉回時要守住月線，通常只要股價跌破月線且沒有立即站上，或是在 3 天內沒有站上月線，股價整理的時間會變長。實際操作上，只要股價創高後，出現波段大量且收長上影線，或是中長黑 K、KD 交叉向下、主力籌碼賣超，這些都是短線的賣出訊號，且通常這些賣訊會比「跌破月線」此一訊號還早出現。

不過對於想要長線存飆股的投資人來說，可以將拉回幅度放寬，例如以月線為最後防線，並留意跌破月線 3 天內沒有站回的 3 個觀察重點：

觀察重點 1：跌破月線後再觀察 1 天，看看隔日是否止跌；或者跌破月線後 3 日內站回（圖表 4-4-1 中 3 個藍圈）。

觀察重點 2：跌破月線後跌幅沒擴大且站回月線（圖表 4-4-2 位置❺），或者股價進行築底（如圖表 4-4-3 位置❹）後站回月線。

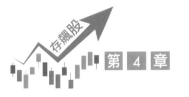

觀察重點 3：股價跌破月線仍維持底底高的型態（圖表 4-4-2
　　　　　　 位置❺）。

　　拉回幅度放寬的前提是，自己的進場成本夠低，若主力
籌碼持續買進則更好。股價跌破月線後，再次站回月線，也
是觀察進場的機會，站穩月線才有機會延續多頭漲勢，主要
是因為從中長線角度，有些股票跌破月線會進入築底的狀況，
築底後有機會繼續往多頭方向走。

　　當然，還是要一再叮嚀大家，若進場成本高，高點出現
賣出訊號、主力籌碼持續賣出，有賺就要及時停利，等到股
價「拉回底部末端」或是「平台整理末端」，伺機再度進場，
這樣操作股票都不會被套牢。

▍長線存飆股操作②：做價差也賺到波段

　　實務操作上，如果為了長線操作放寬股價拉回幅度，投
資人可能擔心萬一股價拉回後，繼續往下跌的話，是否要賣
出？這時候，我建議投資人可以用「部分賺價差」的方式，
把部分資金先行獲利了結，達成獲取「價差」的目的。

　　也就是高檔出現賣出訊號後（章節 4-3 的 3 種賣訊任一

種），投資人可以先行出脫部分或是一半持股、停利保本，
等到股價「拉回底部末端」或是「平台整理末端」，再度進場，
尋求另一次價差獲利機會；同時，在一開始就留下來的部分，
可以把持股時間拉長，當做長線存飆股的部位。當然，價差
進出的資金，可以繼續拉回做價差操作。

　　這裡要建議大家，在高檔有部分停利者，若買回時的價
位高於賣出價位，再次買回來時，部位要降低（如賣出 2 張、
買回 1 張），才不會讓再度進場的部位成本增加，隨時控制
好資金非常重要。

　　這樣就可以在場上用低成本的單子，讓獲利一直跑，除
了可以做到低買高賣賺價差外，也可以抱到波段。

　　用以下 3 個範例，說明我的價差和波段操作策略。

贏家觀點

再次叮嚀，進場做多要依照自己的資金部位操作，並和大盤順
勢，股市總是充滿千變萬化，自己要依高勝率的那一招進場，
結果交給市場決定。買進後成功發動，有波段抱波段，沒波段
做價差。若每次進場賺價差 5% ～ 10% 以上，累積效果驚人，
沒發動成功，型態破底就停損，買賣進出有據，這樣操作股票
很心安。

圖表4-4-1 ➡ 價差、波段操作 範例：聯發科（2454）

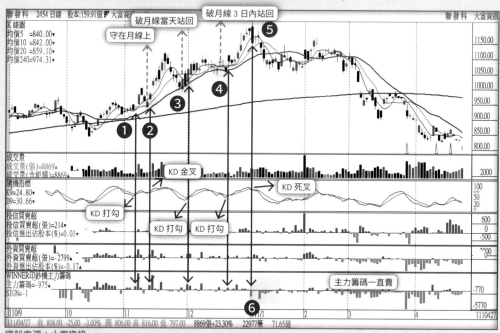

資料來源：大富資訊

💻 **說明** ....

1. 位置❶、❷、❸、❹都是買進訊號，❺是賣出訊號。

2. 圖中是典型的多頭維持底底高、守月線上（藍圈），直到股價創波段新高後（位置❺）賣訊出現，股價再也沒過前高，2022 年 2 月底跌破月線，股價走弱轉空。

3. 位置❶、❹都是股價整理後的底部訊號，也都是「籌碼加分題」，積極者當日 KD 打勾可以酌量買進，隔日再擇機布局，其中位置❶、❸、❹是 KD 打勾的整理末端的訊號（詳細請參考章節 4-2）。

4. 位置❶、❷、❸、❹是底部進場處，當然以位置❶的進場成本最低，❸、❹的進場成本則慢慢墊高。成本相對高者，往上出現賣出訊號，要執行停利保本。位置❶、❷底部有進場者，若主力和籌碼一直買進，投信也買進，型態維持底底高、守住月線就續抱，直到位置❺出現賣訊（創高出現長黑 K、主力籌碼出），要部分停利，主力籌碼高檔持續賣出（位置❻），型態轉弱再次部分停利（位置❹進場者成本高，要全部停利），當跌破月線全部停利。

圖表 4-4-2 ➡ 價差、波段的操作 範例：雙鴻（3324）

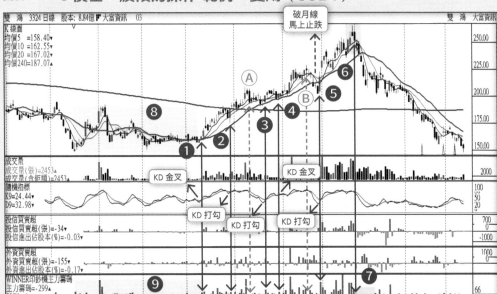

資料來源：大富資訊

💻 說明 ....

1. 圖中雙鴻是典型的多頭底底高範例，直到股價創波段新高後（位置❻）賣訊出現，
   主力籌碼一直賣出、破月線，股價走弱轉空。

2. 位置❶、❷、❸、❹、❺都是股價整理後的底部買進訊號，也都是「籌碼加分題」
   的買訊，積極者當日 KD 打勾或 KD 黃金交叉可以酌量買進，隔日再擇機布局，其
   中位置❷、❸、❺是 KD 打勾的整理末端訊號（詳細請參考章節 4-2）。

3. 位置❶更是股價箱型整理（位置❽藍色區域），主力籌碼一直買進（位置❾藍色區域）
   的存飆股進場訊號。股價繼續維持底底高的多頭走勢，且主力和投信籌碼一直買進，
   從位置❶買進，抱到位置❻賣出，價差逾 100 元，大波段漲幅達 60%。

💻 策略 ....

獲利若超過 30% 以上可以試著轉波段控盤，直至股價不再維持多頭，轉弱停利（高檔
停利請參考本章賣訊解說和圖表 4-3-11 說明）。

（接下頁）

贏家觀點

雖然位置❹、❺都是籌碼加分題的買進訊號，但由於進場成本比位置❶、❷高，若股價已經大漲一波、進場成本相對高，往上出現賣出訊號時，要全部停利。

進一步以圖表 4-4-2 雙鴻的範例來說明，怎麼做到既能賺價差又能抱到波段行情。

1. 假設在相對低點位置❶、❷買到 2 張雙鴻。

2. 位置Ⓐ綠色虛線股價創新高後出現高檔長黑 K、主力籌碼賣出和 KD 死亡交叉的賣出訊號，賣掉 1 張。

3. 等到位置❸出現 KD 打勾的整理末端訊號，而且也是籌碼加分題時，再把賣掉的 1 張買回來。

4. 位置Ⓑ綠色虛線出現創新高後，主力籌碼賣出，賣掉 1 張。

5. 位置❺出現 KD 打勾的整理末端訊號，而且也是籌碼加分題，再把賣掉的 1 張買回來。

6. 位置❻賣訊出現，賣掉 1 張。

7. 股價創新高後，主力籌碼連續賣出（位置❼綠色區域），且型態轉弱（圖上方綠色區域），把最後的持股（剩 1 張）停利賣掉。

這就是既做價差也抱住波段的操作策略，當然要不要做價差，就看自己的操作習性而定，畢竟自己喜歡什麼，適合短線還是長線交易，只有自己清楚。但無論如何，就是要紀律操作，低買後若高點出現籌碼鬆動、型態轉弱的賣出訊號，一定要停利。

圖表 4-4-3 ➲ 價差、波段操作範例：創惟（6104）

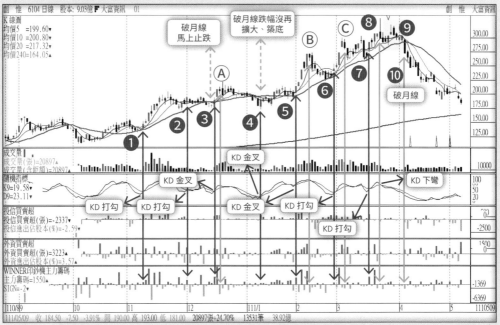

資料來源：大富資訊

💻 說明 ....

1. 創惟雖然在位置❸、❹跌破月線，但跌幅沒擴大，止跌後再站回月線，繼續維持多頭底底高的走勢，直到股價創波段新高後，長上影線（位置❽）的賣訊出現，高檔型態轉弱（位置❾綠色區域），跌破月線後股價走弱轉空。

2. 從位置❶買進訊號出現，抱到位置❽賣出，價差逾 150 元，大波段漲幅 100%（位置❶隔日開盤價為 148.5 元，位置❽的最高價為 333.5 元，位置❽隔日的開盤價為 299.5 元）。

3. 位置❶、❷、❸、❹、❺、❻、❼都是股價整理後的底部訊號，出現 KD 打勾或 KD 黃金交叉的買進訊號，隔日再擇機布局，詳細請參考章節 4-2。

4. 位置❺同時也是籌碼加分題，積極者看到當日 KD 打勾或 KD 黃金交叉可酌量買進，隔日再擇機布局，其中位置❷、❸、❺是 KD 打勾的整理末端的訊號（詳細請參考章節 4-2）。

（接下頁）

💻 **操作** ....

1. 波段持續越久，價差可以做越多次，累積報酬會超過最早買、抱到最後賣的波段報酬。

2. 以圖中為例，做 4 次價差累積的獲利為 178 元：

   位置❶買進訊號出現，隔日開盤價 148.5 元買進，位置Ⓐ的賣訊，隔日開盤 210 元賣出，獲利 61.5 元。

   位置❹買進訊號出現，隔日開盤價 187 元買進，位置Ⓑ的賣訊，隔日開盤 269 元賣出，獲利 82 元。

   位置❻買進訊號出現，隔日開盤價 250 元買進，位置Ⓒ的賣訊，隔日開盤 281 元賣出，獲利 31 元。

   位置❼買進訊號出現，隔日開盤價 296 元買進，位置❽的賣訊，隔日開盤 299.5 元賣出，獲利 3.5 元。

3. 當然，位置❼的賣訊，股價自位置❶上漲後，將近漲 1 倍了，也可以選擇不做價差。畢竟，之前已經有累積做價差的獲利了，而且場上還有成本最低的位置❶單子。

贏家觀點

大家要記得，只要有好方法，有賺錢了，就可以套用賺錢的成功模式，再買到下一檔可做波段也可做價差的「飆股」。

接著，再以圖表 4-4-3 創惟的範例來說明，做價差和做波段的操作策略。

1. 在相對低點（位置❶買訊），買進 2 張創惟。

2. 在位置Ⓐ的綠色箭頭，出現創新高後主力籌碼賣出的賣訊，賣掉 1 張。

3. 等到位置❹的底部訊號，再把賣掉的 1 張買回來。

4. 在位置Ⓑ的綠色箭頭，出現創新高後主力籌碼賣出的賣訊，賣掉 1 張。

5. 等到位置❻的底部訊號，再把賣掉的 1 張買回來。

6. 位置Ⓒ的綠色箭頭，出現創新高後主力籌碼賣出的賣訊，賣掉 1 張。

7. 等到位置❼的底部訊號，再把賣掉的 1 張買回來。

8. 等到股價創波段新高後，長上影線（位置❽）的賣訊出現，賣掉 1 張。

9. 高檔型態轉弱（位置❾綠色區域），要擇機把持股全停利，出現長黑 K 跌破月線時，要全部停利。

以上這樣操作，做股票絕不會被套住，還可以賺到波段大獲利，也可以做價差。

4-5
實戰演練
快速賺到一桶金

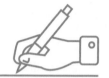

股票學習的過程中，唯勤是岸，持續學習就會看到成果，記錄買賣的理由，不再人云亦云，這樣就會很踏實。

以下 3 題練習題，把看到的買訊和賣訊寫下答案。研判買訊和賣訊，就是從技術面、籌碼面、型態面去觀察，技術面是 KD 指標；籌碼面是主力籌碼，輔以投信籌碼；型態面就是底部和整理末端的訊號，以及高檔轉弱的型態。

想買自己觀察的股票，就是等買進訊號出現再進場；進場後就是等賣出訊號或轉弱訊號出現再出場。每次進場前就把觀察的買訊寫下，多練習幾次就會熟練，對影響股票漲跌

的主力籌碼，和多頭走勢的型態，就會非常清楚。

「看見 K 線型態、洞悉主力籌碼」才是王道，股價整理一段時間後，買訊出現，該買就買;頭部賣訊出現，該賣就賣，買賣進出有據，進出股市一切清安自在，學好再進場，你會發現自己在股市裡可以贏，資金也將持續增加，賺到自己的一桶金指日可待。

我們練習寫出以下 3 題的買訊和賣訊。

存飆股 第 4 章

小試身手 ▶ 練 習 1

圖表 4-5-1 ➡ 買訊和賣訊的實戰模擬：泰鼎－KY（4927）

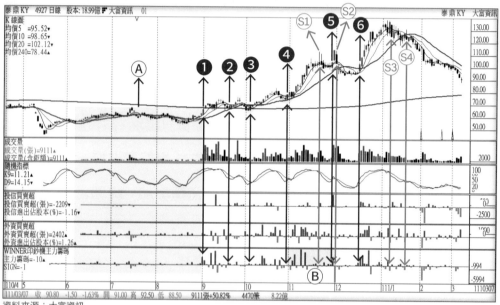

資料來源：大富資訊

作答 ▶

依技術面、籌碼面回答，也可以寫下買賣策略（可以先參考解答的教學，再回答）

問題1：Ⓐ區藍色區域的籌碼分類是什麼？

答：

_____

問題2：❶是哪一種買進訊號？

答：

_____

問題 3：❷是哪一種買進訊號？
答：

問題 4：❸是哪一種買進訊號？
答：

問題 5：❹是哪一種買進訊號？
答：

問題 6：Ⓢ1是哪一種賣出訊號？
答：

問題 7：❺是哪一種買進訊號？
答：

問題 8：Ⓢ2是哪一種賣出訊號？
答：

問題 9：❻是哪一種買進訊號？
答：

問題 10：Ⓢ3是哪一種賣出訊號？
答：

問題 11：Ⓢ4是哪一種賣出訊號？
答：

小試身手 ▶ 練 習 2 •

圖表 4-5-2 ⇨ 買訊和賣訊的實戰模擬：華擎（3515）

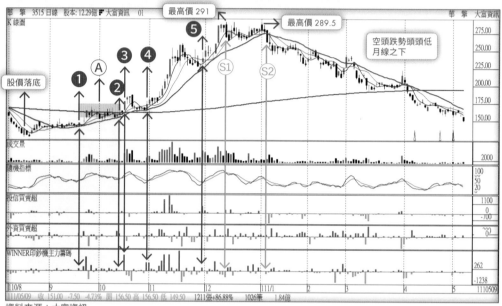

資料來源：大富資訊

作答 ▶

依技術面、籌碼面回答，也可以寫下買賣策略（可以先參考解答的教學，
再回答）

問題 1：❶是哪一種買進訊號？

答：

────────────────────────────────

問題 2：Ⓐ區藍色區域的籌碼分類是什麼？

答：

────────────────────────────────

問題 3：❷是哪一種買進訊號？

答：

問題 4：❸是哪一種買進訊號？

答：

問題 5：❹是哪一種買進訊號？

答：

問題 6：❺是哪一種買進訊號？

答：

問題 7：⑤1是哪一種賣出訊號？

答：

問題 8：⑤2是哪一種賣出訊號？

答：

問題 9：有哪幾個是籌碼加分題的買訊？

答：

小試身手 ▶ 練 習 3 •••••••••••••••••••••••••••••••••••••

圖表 4-5-3 → 買訊和賣訊的實戰模擬：國巨（2327）

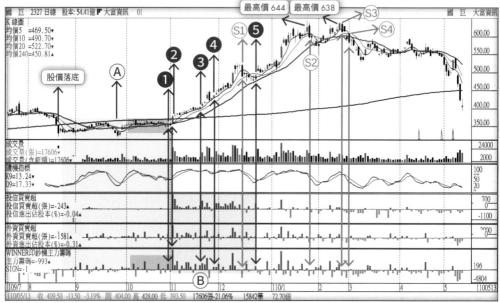

資料來源：大富資訊

作答 ▶

依技術面、籌碼面回答，也可以寫下買賣策略（可以先參考解答的教學，再回答）

問題1：Ⓐ區藍色區域的籌碼分類是什麼？

答：

_____

問題2：❶是哪一種買進訊號？

答：

_____

問題 3：❷是哪一種買進訊號？

答：

問題 4：❸是哪一種買進訊號？

答：

問題 5：❹是哪一種買進訊號？

答：

問題 6：Ⓢ1是哪一種賣出訊號？

答：

問題 7：❺是哪一種買進訊號？

答：

問題 8：Ⓢ2是哪一種賣出訊號？

答：

問題 9：Ⓢ3是哪一種賣出訊號？

答：

問題 10：Ⓢ4是哪一種賣出訊號？

答：

問題 11：有哪幾個是籌碼加分題的買訊？

答：

 參考解答➡小試身手▶ 練 習 1 •••••••••••••••••••••••

圖表 4-5-1 ➲ 買訊和賣訊的實戰模擬:泰鼎－KY(4927)

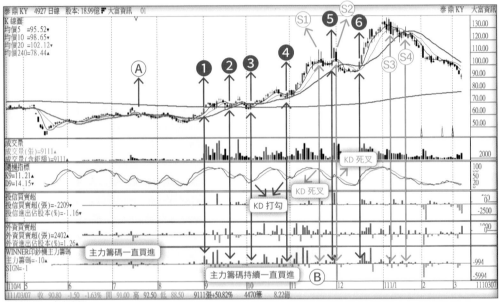

資料來源:大富資訊

(作答 ▶

依技術面、籌碼面回答,也可以寫下買賣策略。

問題 1:Ⓐ區藍色區域的籌碼分類是什麼?

(答):主力籌碼一直買進。

問題 2:❶是哪一種買進訊號?

(答):突破主力籌碼一直買進的箱型整理,主力籌碼改為大買。可以先少量第 1 次建立持股(約 66 元),符合第 3 章〈存飆股有 SOP 想不賺都難〉的買訊。

問題 3:❷是哪一種買進訊號?

(答):3 日不破新低的拉回底部,主力籌碼買進。主力籌碼仍是一直買進,可以積極買進加碼(跟第 1 次買進成本相當)。

問題 4：❸是哪一種買進訊號？

答：主力籌碼仍是一直買進，KD 打勾、整理末端的訊號，積極買進，成本跟前 2 次相當（均價約 67 元）。

問題 5：❹是哪一種買進訊號？

答：主力籌碼仍是一直買進，KD 打勾，整理末端的訊號，積極買進（約 79 元）。仍空手者積極買進，前 3 次買進的訊號已漲逾 10%，已買進者不加碼。

問題 6：S1是哪一種賣出訊號？

答：股價已大漲一波，股價創新高（最高價 112.5 元）當天收長上影線，是走弱的典型賣訊，KD 死亡交叉且盤後主力籌碼賣出。以 67 元和 79 元的成本計算，漲幅分別高達 67.9%、42%，可以部分停利。盤中有看到者，當天部分停利，否則隔日要停利。

問題 7：❺是哪一種買進訊號？

答：主力籌碼仍一直買進，KD 打勾、整理末端的訊號，也是屬於籌碼加分題，當積極買進，但股價約 104 元，距離 67 元起漲點，漲幅高達 55%，買進必須減量。由於買進成本已墊高，必須遵守做價差的交易紀律，賣出訊號出現就要賣。

問題 8：S2是哪一種賣出訊號？

答：股價創新高（漲停最高價 114 元），隔天出現開平盤下走弱的典型賣訊，KD 死亡交叉且盤後主力籌碼賣出。盤中有看到者，當天部分停利，否則隔日要停利；成本較高的做價差者（買訊❺），要全部停利。

問題 9：❻是哪一種買進訊號？

答：跌破月線築底後再次站回月線的買訊，自Ⓐ區以來主力籌碼仍是一直買進。此時買進必須減量，由於買進成本已墊高，必須遵守做價差的交易紀律，賣出訊號出現就要賣。

問題 10：S3是哪一種賣出訊號？

答：股價已大漲一大波，股價創新高（最高價 138 元），隔天出現開平盤下走弱的典型賣訊，KD 死亡交叉且盤後主力籌碼賣出 （以 67 元和 79 元的成本計算，漲幅分別高達 100%、70%）。盤中有看到者，當天部分停利，否則隔日要停利；成本較高的做價差者（買訊❻）要全部停利。

問題 11：S4是哪一種賣出訊號？

答：股價創高後，型態轉弱、跌破月線的典型賣訊，全部停利。

參考解答➡小試身手▶ 練 習 2 ●●●●●●●●●●●●●●●●●●●●●●●●●●●●●●

圖表 4-5-2➡**買訊和賣訊的實戰模擬：華擎（3515）**

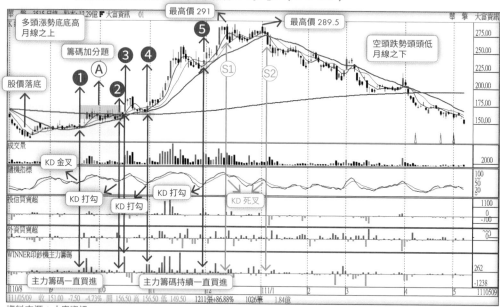

資料來源：大富資訊

作答▶

依技術面、籌碼面回答，也可以寫下買賣策略。

問題 1：❶是哪一種買進訊號？

答 ：股價落底後，平台整理達3週，KD金黃交叉、主力籌碼買進的底部訊號，
　　　大膽者可以少量試單，第 1 次買進約 146.5 元。

問題 2：Ⓐ區藍色區域的籌碼分類是什麼？

答 ：主力籌碼一直買進。

問題 3：❷是哪一種買進訊號？

答：主力籌碼一直買進達 1 個半月左右，KD 打勾、平台整理的整理末端買進訊號，而且又是籌碼加分題（紫色區域），要積極買進，第 2 次買進約是 159.5 元，符合第 3 章〈存飆股有 SOP 想不賺都難〉的買訊。

問題 4：❸是哪一種買進訊號？

答：突破主力籌碼一直買進的箱型整理，並站上年線，主力籌碼大買，可以再加碼，約是 177.5 元，3 次均價約 161.2 元，符合第 3 章〈存飆股有 SOP 想不賺都難〉的買訊。

問題 5：❹是哪一種買進訊號？

答：自Ⓐ區以來，主力籌碼仍是一直買進，KD 打勾、整理末端的訊號，買進價約 173.5 元，4 次均價約 164.3 元（註：買訊❷、❸、❹的成本相當，自己做好資金規劃，看要布局幾次）。

問題 6：❺是哪一種買進訊號？

答：自Ⓐ區以來，主力籌碼仍是一直買進，多頭底底高（綠圈），KD 打勾、整理末端的訊號，買進價約 239 元。距離均價 164.3 元已有 45% 漲幅，更是比第 1 次買進價 146.5 元大漲 63%。仍空手者，由於成本已高，要買進只能少量布局，策略是做價差，若有出現賣訊，這次進場的就要全部停利。

問題 7：Ⓢ1是哪一種賣出訊號？

答：股價已經大漲一波（最高價 291 元），股價創新高後型態轉弱，KD 死亡交叉且盤後主力籌碼賣出，可以部分停利。第 1 次、第 2 次布局者，獲利均已高達 90% 以上，買訊❺進場的則要全部停利。

問題 8：Ⓢ2是哪一種賣出訊號？

答：股價不過前高，高檔型態轉弱的典型賣訊，KD 死亡交叉，要全部停利。

問題 9：有哪幾個是籌碼加分題的買訊？

答：買訊❶。

第 4 章

參考解答→小試身手▶ 練 習 ❸ ••••••••••••••••••••••••••••••••••

圖表 4-5-3 ➡ 買訊和賣訊的實戰模擬：國巨（2327）

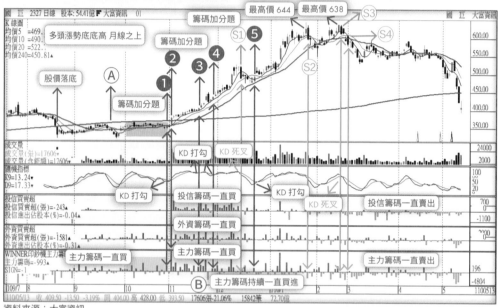

資料來源：大富資訊

作答▶

依技術面、籌碼面回答，也可以寫下買賣策略。

問題 1：Ⓐ區藍色區域的籌碼分類是什麼？

答 ：主力籌碼一直買進。

問題 2：❶是哪一種買進訊號？

答 ：股價落底後，主力籌碼一直買進逾 2 個月，KD 打勾、股價上漲的整理末端買進訊號，且是平台整理近 1 個月的籌碼加分題（紫色區域），積極買進布局，第 1 次買進約 355.5 元，符合第 3 章〈存飆股有 SOP 想不賺都難〉的買訊。

問題 3：❷是哪一種買進訊號？

答 ：突破主力籌碼一直買進的箱型整理，並站上年線，主力籌碼大買，可以再加碼，第 2 次買進價約 377.5 元，符合第 3 章〈存飆股有 SOP 想不賺都難〉的買訊。

258

問題 4：❸是哪一種買進訊號？

答：自Ⓐ區以來，主力籌碼仍是一直買進，投信和外資也一直買進，KD 打勾、整理末端的買進訊號，且是平台整理的籌碼加分題，可以積極買進布局，第 3 次買進價約 404 元。離前 2 次的布局，漲幅分別約為 14% 和 7%。

問題 5：❹是哪一種買進訊號？

答：自Ⓐ區以來，主力籌碼仍是一直買進，投信和外資也一直買進，KD 打勾、整理末端的買進訊號，且是平台整理的籌碼加分題，可以積極買進布局。已是第 4 次出現買進訊號，前 3 次有布局者不再加碼，空手者可以買進，買進價約 436 元。

問題 6：Ⓢ1是哪一種賣出訊號？

答：股價創新高型態轉弱，出現 KD 死亡交叉且盤後主力籌碼賣出的賣訊。可以部分停利，在買訊❹進場者，由於成本較高要全部停利。因為主力、投信和外資籌碼仍是一直買進，維持多頭型態，股價守住月線，大膽者可以續抱，除非主力籌碼連續賣出，股價跌破月線轉弱，才改變多頭前進的慣性。主要看自己的操作屬性，有賺停利都是好事。

問題 7：❺是哪一種買進訊號？

答：自Ⓐ區以來，主力籌碼仍是一直買進，投信和外資也一直買進，KD 打勾、出現拉回底部的整理末端買進訊號。因為是第 5 次賣訊，買進價約 492 元，成本已墊高，想進場的人可減量買進，並遵守做價差的交易策略，往上有出現賣訊就要停利。Ⓢ1有停利者，可以再買回，但買進張數不可以比Ⓢ1賣出的多，也可以做價差。

問題 8：Ⓢ2是哪一種賣出訊號？

答：股價已經大漲一波段（最高價 644 元），股價創新高後隔日出現轉弱的典型賣訊，主力籌碼賣出，可以部分停利。第 1 次、第 2 次有進場布局者，獲利分別高達 80% 和 70% 以上，買訊❺進場者則要全部停利。

問題 9：Ⓢ3是哪一種賣出訊號？

答：股價不過前高後，高檔型態轉弱的典型賣訊，KD 死亡交叉，要部分停利。

問題 10：Ⓢ4是哪一種賣出訊號？

答：自Ⓢ3的賣訊以來，主力籌碼連續賣出，高檔型態轉弱的典型賣訊，長黑 K 攢破月線，仍有持股者要全部停利。

問題 11：有哪幾個是籌碼加分題的買訊？

答：買訊❶、❸和❹。

第 5 章

手握金鑰
成功翻轉人生

5-1
股票市場
只有贏家、輸家之分

進入股市的最重要目標就是要「賺到錢」，其他說什麼都是多餘，這也是投資人常聽到「股市沒有專家，只有贏家與輸家的分別」這句話的意涵。

所以，投資人要如何成為股市贏家呢？這邊將我這些年投資的一些經驗與心得，提供幾個贏家的不敗心法給投資人參考。

第①招：別當股票萬事通

大家還記得在學校念書的時候嗎？我相信多數人遇到不了解的地方，都不會打破砂鍋問到底，結果現在買股票反而

事事追根究柢，舉例來說，沒有看到主力籌碼進駐，某檔股票卻一直漲，於是滿臉問號，想一探究竟。

其實，有時候看不懂 1 檔股票的奇怪走勢，只要單純地避開它，這類股票不要做、不用理會就好了。以我過去多年的經驗來說，往往這種看不懂的股票，一般人也掌握不了走勢，而且這類股票通常怎麼漲上去就會怎麼跌下來，少碰為妙，再找其他看得懂的股票就行了。

▎第②招：避免技術博士級、紀律小學級

股市沒有專家，也沒有行家，只有贏家和輸家的分別。我知道很多人花了很多時間學習投資的技術與方法，這不是說「努力學習」這件事有問題，有問題的是多數人學了方法之後，實際進場操作時卻是完全另外一回事，根本沒有遵守原來學到的方法，也就是說，操作沒有紀律可言。

如果操作沒有紀律，任你懂得再多，在股市想要一帆風順幾乎是不可能的任務，這就像擁有博士級的技術，紀律卻像只有小學生等級。反過來說，投資的方法越簡單有效，才是越好的方法，而能夠遵守紀律操作，才會成為真正的股市

贏家，這可以說是股海生存最重要的贏家心法。

一般人買衣服都會挑選顏色與質料，每個人有各自喜好與合適的樣子，久了就成為各自的穿搭風格，然而，一旦進到股市，多數人就開始沒有原則，賠錢了還幫害你虧損的股票說話，以為總有一天會再漲回來，結果往往是一路往下走，股價再也回不去當初進場的價位了。

如果投資讓你的生活充滿壓力，不論有賺錢還是沒有賺錢，你永遠都在擔心，這種「不舒服」的投資方式，對你的操作績效終究會產生負面影響。

▎第③招：切忌永遠都在擔心

投資有這麼多事情需要害怕、擔心嗎？多頭的時候，大盤往上漲，你害怕空手沒進場的話，大盤繼續漲，只能看著別人賺錢；就算進場跟上大盤上漲的腳步，又開始擔心進場了大盤就開始不漲；就算大盤如你所願繼續往上漲了，你還是擔心自己會賣得太早……

空頭的時候呢？大盤往下跌，你害怕帳面上的虧損加大，但是又擔心萬一認賠賣出，大盤和你的持股卻開始反彈向

上⋯⋯不論股市表現如何，你永遠都有用不完的煩惱。

其實，主動投資沒有太多的訣竅，除非你是那種買了就抱個 5 年、10 年不會動的投資人，否則不論是短線、波段操作，有買訊就進場與有賣訊就出場，必須當機立斷，尤其，「會賣股票的才是師父」，只要學會贏家策略，勝率自然提高，買賣都會很輕鬆。

▎第④招：當斷不斷會越陷越深

當 1 檔股票呈現底底高的多頭型態，好的進場時機點就是觀察「拉回底部」的整理末端，伺機進場。但是，一旦進場後，股價不但沒有往上走，甚至還跌破底部，這時候就必須當機立斷停損出場。

同樣的狀況，當 1 檔股票呈現底底高的多頭型態，而且整理時呈現強勢整理，股價拉回幅度非常小，出現上漲後平台整理走勢，這時就是觀察「上漲平台」的整理末端，伺機進場。不過，如果進場之後，股價不但沒有往上走，反而還跌破「平台整理區」，這時候也必須當機立斷停損出場。

此外，其他必須審慎考慮出場的時機，包括跌破月線轉

弱、營收公布後股票下跌（利多出盡或利空下跌），這時候比較安全的方式就是先出場再說。

談完什麼時候是出場觀望的時機之後，還要特別再提醒投資人，「抱錯」一定會比「買錯」的後果嚴重許多。

第⑤招：抱錯比買錯嚴重

買錯股票，只要在發現時當機立斷停損出場，不要讓虧損有持續擴大的機會，那麼投資人永遠都有繼續尋找下一檔「買對」的機會。

反之，如果股價盤中跌破設定的停損價格後，投資人還心存期待尾盤是不是會拉回來，或是今天跌了，期待明、後天就會漲回來，這種不甘心的操作方式就是沒有遵守自己設定的「停損」紀律，長期下來，想要成為股市贏家的機率恐怕是小之又小。

投資人千萬要記得，錯過行情或是誤判行情並不可怕。錯過行情，再找下一檔就好了；誤判行情，只要當機立斷，停損出場，同樣可以再找下一次進場機會。反之，一旦發現抱錯還要硬拗下去，萬一接下來「虧損擴大」，投資人的心

理壓力一定會跟著放大，在高壓的狀態下，要保持冷靜操作可就難上加難。

第⑥招：股市大漲興奮過度是大忌

這不是說股市上漲的時候，投資人不應該開心慶祝，而是要強調「贏家永遠會居高思危」，同時，贏家的進場原則是「買在起漲、不追高」。

舉例來說，台股在 2021 年末開始一波攻勢，大盤指數衝上 18,000 點關卡再創歷史新高，在台股市值王台積電（2330）領軍下，漲勢延續至 2022 年元月。不過，隨後不少高價股以及中小型股卻出現明顯賣訊，包括土力籌碼賣超、KD 空頭交叉向下、股價破線等，這時候就算大盤拉得再高，也該遵守紀律，當機立斷賣出「出現賣訊」的股票，以免股票越跌越多。

當指數在創新高時，比大盤更早創新高、比大盤強勢的股票，若沒有跟著大盤繼續往上創新高，而是提早比大盤走弱（如圖表 5-1-1），往往都是大盤在不久後也將轉弱的徵兆。大盤高低檔的轉折出現之前，一定是股票先行反應。

圖表 5-1-1 ➡ 大漲的股票比大盤早轉弱

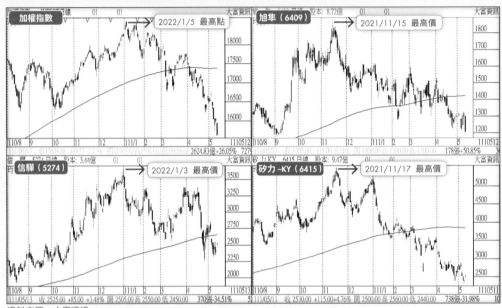

資料來源：大富資訊

💻 **說明** ....

當指數創新高時，比大盤更早創新高、比大盤強勢的股票，若沒有跟著大盤繼續往上創新高，而是提早比大盤走弱，往往都是大盤在不久後也將轉弱的徵兆。

▌第⑦招：績效連 3 黑要停看聽

當大盤再度創下新高的時候，如果投資人發現自己的績效連 3 黑，也就是持股的市值連續 3 天下滑，或是平常勝率最高的投資招式開始失靈，又或是明明持股增加，獲利卻未能同步上升，這時候就要開始「停看聽」。

這樣提高警覺的方式，可以比股票出現「賣訊」還要更早一步嗅出市場可能由強轉弱的徵兆。這時候，要嘛就是逢高降低持股水位，或是一旦賣訊出現、確認轉弱，就要出場。

投資人現在就可以開始培養「停看聽」的警覺心，千萬不要努力錯地方，例如，聽信明牌、看新聞而自己不思考與過濾資訊等，這些多半都是在做輸家的功課，只會讓投資人不斷重複「輸家的交易」。

因此，要說「停看聽」是投資股票的最重要操作原則，也不為過，投資人每當聽到任何投資相關的訊息，必須先停下腳步，用自己的雙眼實際看到籌碼、型態之後，再決定是否進行動作以及如何操作。

5－2
陷入 5 盲點
不斷重複輸家交易

在與學生的互動過程當中，我發現一個有趣的現象：不按照紀律操作的學生，就是有人會賠錢，而他們所犯下的失誤，我相信也是散戶投資人經常會發生的失誤。

其實，股市給所有參與者的機會相同，但是每個人操作起來就會有不同結果，高檔停利的人可以笑得開心，因為他們可以等股票回到低檔時再度進場，如此形成正向循環；反過來說，高檔沒有停利、甚至還加碼或擴大槓桿的人，除了扼腕之外，還要承受股票拉回期間的煎熬。

若大盤創新高是靠權值股拉抬，這時候發現手上股票不漲，要小心這是主力「聲東擊西」的策略。舉例來說，2021

年 12 月下旬到 2022 年元月上旬，指數一路上攻再創新高，
但這期間多數股票並沒有跟著大漲（如圖表 5-2-1），意味著這
一波攻勢是主力藉由拉抬權值股出脫中小型股票，如果在相對
高檔時沒有進行「出場」的動作，接下來肯定相當煎熬與痛苦。

圖表 5-2-1 ➔ 大漲的股票比大盤早轉弱

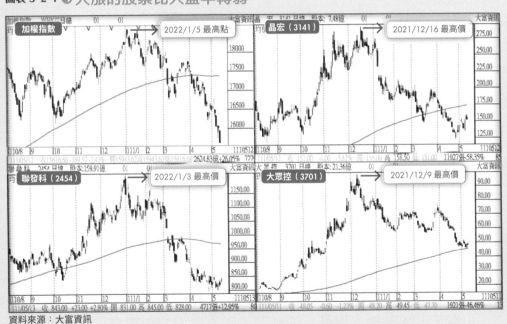

資料來源：大富資訊

💻 **說明**

2021 年 12 月下旬到 2022 年元月上旬，指數一路上攻再創新高，但這期間多數股票
並沒有跟著大漲，顯示這一波攻勢是主力藉由拉抬權值股出脫中小型股票。

　　這類散戶的盲點相當普遍，主要是散戶投資人在股市大多頭的時候，稍微賺了一些「快錢」，就想把槓桿加大。例如，用 100 萬元本金，短時間內輕鬆賺了 20 萬元，覺得賺錢太容易，開始使用融資槓桿，或是乾脆向親朋好友、銀行借錢，在大盤越高的時候，還一邊追高，部位越玩越大，結果一旦大盤拉回，下場可就慘了。

　　投資真正該做的功課是「忍」功，不要追高躁進，當指數與股價在「山頂」時要警戒，適時調降持股，而不是一頭熱追價。同理，在大盤拉回時，可以開始找相對抗跌、逆勢收紅的個股，等到大盤落底時，伺機買進這類相對強勢的股票。接下來就提出幾個散戶常見的盲點，投資人應該儘量避免。

▌盲點①：資金控管差

　　我認識一個人，他手上有千萬元的資金在股市闖蕩，因為習慣每一次都把部位買到滿檔，結果不時會出現 1 天賠 50 萬元，甚至是上百萬元的狀況。因為看到帳上股票賠錢會害怕，更害怕不賣會賠更多，於是就賣了，結果股票賣完就開始漲，落入「追高殺低」的負向循環。

　　如同我在這本書前面的章節一再強調的，資金控管相當重要，持股最多只能到總投資資金的 7 ～ 8 成（股市多頭時才是如此持股，股市走空，不會做空就兩手空空，除非手中持股逆勢比大盤強才續抱），剩下的 2、3 成資金在手上，在狀況不如預期時，損失的也只是 8 成資金的一部分，而不是全部資金的一部分。此外，狀況不佳時，把股票脫手換回現金外，加上這額外的預備資金，下一次要反敗為勝才會更有餘裕。

　　發現這兩者的差異了嗎？許多散戶的思維是，盤算著自己會一直賺錢，於是越玩越大膽，例如使用融資槓桿，然後跌跤。贏家的思維則是居高思危、嚴控持股水位，永遠遵守不追高的紀律操作。

▍盲點②：憑感覺進場

　　股票市場是個適者生存的殘酷市場，多數參與者應該都是賺少賠多，不僅如此，賠錢就算了，知道為什麼賠錢，下次避免重蹈覆轍就好了，然而，後續發展往往事與願違。沒有人想繼續賠錢，但是許多人賠錢之後，仍然不知道「當初

為什麼買進」的理由，下一次還是憑著「感覺」進場，下場就是繼續賠錢出場。

我這邊特別提醒，投資人在每一次進場與出場後，都應該清楚記下當初買進的理由，以及後來賣出的理由，再對照是不是有按照自己所學的方法，遵守紀律進場與出場，如果沒有，那你就是憑感覺進場與出場。切記，沒有紀律的操作，往往不會有好結果。

買賣一定要有依據，知道買進的理由，進場前想好出場的條件或原因，進出有據的操作股票，在股市中就會很安心，而不是隨著人云亦云，日夜憂心。若不知道為什麼買，更不知怎麼賣，這樣進入股市就是賭，奉勸沒有做好買賣規劃前，不要進入股市。

盲點③：看新聞、聽明牌買股

投資人可以先思考一個問題，報章雜誌、網路論壇等投資相關的消息，都是在談些什麼？答案其實很簡單：就是熱門題材。第 2 個問題是，親朋好友向你報的「明牌」是什麼？答案同樣簡單：還是熱門題材。

　　這裡要特別強調，熱門題材沒有什麼不好，因為許多長多趨勢的產業與公司常常會出現在「熱門題材」，不只媒體報導，親朋好友、街坊鄰居也熱議，如此一來，這些產業與股票才會有「人氣」。問題來了，根據週遭投資人的經驗來看，看新聞、聽明牌買股票的投資人，長期下來，通常都賺不了錢，甚至賠了不少錢，為什麼呢？

　　因為，熱門題材股可能會有驚人的漲勢，但多數人沒有買在起漲點，而是買在半山腰，甚至是山頂上，不但沒賺到，接下來還參與到題材股下跌的那一段。下場是「高檔」沒跑，之後成為長期套牢戶，或是認賠殺出成為「追高殺低」戶。

盲點④：底部不敢買

　　低買高賣是賺錢的不二法門，但是多數人都做不到，或是根本不懂怎麼做，相反地，一般投資人容易「見獵心喜」，就是股票市場常常聽到的「股市紅三兵，散戶不請自來」，意思是股票連漲 3 天，大家就紛紛跳進場了。

　　連續上漲之後，散戶這時候才進場，剛好就是追高，之後行情轉折，往往又要殺低。那麼，投資人究竟要如何用對

方法,買在底部呢?

　　每個投資人 1 天都有 24 小時,不分主力、散戶都一樣,台股上市櫃目前 1,700 多檔標的,也是每位投資人都可以選擇,因此我認為股市是最公平的地方,同時,投資股市中這些已經成功的公司,遠比自己創業所要冒的風險還要小得多。

　　不過,投資不是花比較多時間研究,就一定會贏,而是要用對方法才會贏。贏家的關鍵就是在於「指數相對高檔時持股多寡」,懂得高檔減碼的人,一定也能輕鬆在低檔、底部時重新進場。

　　舉例來說,當大盤指數上漲、上櫃指數卻下跌,代表主力利用權值股撐住指數,趁機出貨,當這類賣訊出現,手上持股至少要降到 5 成以下。此外,如同先前章節所強調的,KD 空頭交叉、主力籌碼賣超等其他賣訊出現時,當然也要降低持股部位。

　　反過來說,指數在相對低檔整理時,部分個股已經開始止跌築底,並且出現主力籌碼買超、技術指標 KD 多頭交叉等買進訊號,當然就可以視為拉回底部整理末端的進場訊號,這時候可以擇機再度入市,買在底部起漲點!

▍盲點⑤：進場急切、套牢又自我安慰

大多數投資會失敗的起因，就是急切進場，不論理由是有熱門題材、產業趨勢、公司本身利多、名人加持、財經專家追捧等。投資人會這麼迫切想要進場，其實就是怕自己現在不進場，股價會一路往上跑，到時候就追不上「快錢」了。

實際上，投資最怕的就是沉不住氣，因為這代表你對於行情、產業與個股根本沒有一套 SOP 在應對，最後的下場多半是「追高殺低」，落得鎩羽而歸。如果你對於投資股票已經有一套實戰的劇本，要做的只有等待時機來臨，等待買進訊號出現，開始進場，接下來就是等待賣出訊號到來，開始退場，這一切都在操作 SOP 的劇本當中，投資人根本沒有急切的理由。

至於什麼是套牢又自我安慰呢？部分急切進場的投資人，發現自己帳面上虧損的時候，因為不想就這樣「追高殺低」、認賠出場，於是就想要再拗下去等待解套，這時候就會一邊幫自己找理由來自我安慰，心裡還抱著股價很快就會反彈解套的希望。

舉例來說，投資人常常在套牢了以後，再開始幫股票找

「基本面」的理由，像是有新大訂單挹注、新科技的受益者、營收成長、毛利率與營業利益率上升、獲利比去年同期增加等。

　　這並不是說抱持樂觀的信念是錯的，而是這些事後才找的理由，可能已經是第 N 手的消息，你知道的事別人早就知道了，這代表你幫自己找的所有理由都是「落後資訊」。

　　我必須提醒投資人，股價永遠都是反應「對於未來的期待」，主力往往比你更能領先掌握未來，與其用落後資訊來投資，不如實際看股價怎麼反應消息、籌碼型態怎麼走，才能夠跟上主力的腳步，邁向贏家的行列。

✎投資筆記

5-3

堅守紀律
一次賺進 10 年股息

約莫 10 餘年前的炎炎夏日，時序正值學生們的 6 月畢業季節，我手上的股票包括正峰（1538）、晟銘電（3013）等，帳面上的獲利已經足夠讓我買 1 台賓士車了，當時我的營業員打電話問我，要不要獲利了結？我心裡沒有多想，反正已經賺了不少，就繼續放著不管。

出乎意料的是，過了 3 個月，正峰從 6 月時的高點 56.5 元，一路掉到了 8 月最低來到 24.4 元，晟銘電也從 6 月的高峰 66.5 元，一路重挫到 8 月最低來到 23.55 元，原本帳面上的獲利不但全數吐了回去，因為當初是融資買進的槓桿操作，後來還落到被追繳的境地，幾乎要斷頭了。大家應該很好奇，

後來呢？沒錯，就和大家想的一樣，後來我的賓士車當然沒有買成。

談及自己的經驗，是想告訴投資人，股市裡沒有資優生，沒有人可以從頭到尾一路贏到底，如果有人智商 180，可能會在職場上一路順遂、過關斬將，但是長期維持百分之分勝率，在股票市場絕對不可能發生。我相信每個進入股市有一定時間的投資人，一定都經歷過賠錢經驗，賠錢沒有關係，因為我們可以透過學習，讓賠錢經驗與失敗次數下降，避開讓你賠錢的「習慣」。

賠錢的習慣有哪些？包括追高殺低、資金配置沒紀律、逢低又攤平等。輸家往往是大賠小賺，輸多贏少，而且自己是輸家還沒有警覺心，因為一直在同溫層裡，沒有標準的贏家 SOP 方法，還以為只要看書、看雜誌、看電視，或是花很多時間研究與交易，累積經驗越多就會贏，結果往往事與願違，習慣輸錢的人，沒檢討方法哪裡不對，只會一直賠下去。

從「試單」開始 建立贏家經驗

多年之後回顧，如果你問我現在投資成功的最重要原因

是什麼？我覺得不外乎是「資金控管」非常嚴謹，和多年前大不相同，我現在的操作幾乎都是「贏的經驗」。

股票市場勢頭不佳時，我一定會開始調降持股，大概只會維持 3 成左右的部位（甚至更低，端看當下大盤情形，盤勢不佳時，手上僅保留比大盤強勢的波段獲利股票），而且有需要換股操作的時候，也會確實掌握資金流向，控制在一出一進的狀況，總持股部位不可增加。

舉例來說，如果我手上持有矽晶圓相關的股票，在市況好的時候，我可能會同時持有環球晶（6488）、中美晶（5483）、合晶（6182），反之，市況不好的話，我只會留下最強勢的一檔，而且持有的張數也會降低。

這裡要提醒投資人，千萬別一股腦兒只想賺「快錢」，而忽略了資金（風險）控管，其實，股市是有季節性週期的，例如，台股上市櫃公司每月 10 日前必須公布上月營收，前後的股價就可能比較會有波動；或者常聽到的「五窮六絕七上吊」指的是 5、6、7 月的電子淡季；亦或是大漲一波的股票，要留意除息前見高點的拉回；還有，每年年底外資放耶誕假期去，大盤量能萎縮，池子小大魚就少，這時候檢視手中持

股的籌碼鬆動轉弱的賣訊就很重要。

此外，投資人要相信自己看到的，學會判讀資訊，舉例來說，當一檔股票股價創新高時，外資又趁勢調高目標價，這時候要小心是不是有心人在玩兩手策略，千萬不要見獵心喜，反而要戒慎恐懼，控管好資金。

至於如何控管好資金？我認為投資人一開始可以先用小部分的資金「試單」，進行籌碼與型態的練習，等到建立成功經驗之後，才可以由小部位漸漸放大，但是，就算行情再怎麼熱、投資人的持股部位再高，也不宜超過總投資資金的8 成。

居高思危 唯有高賣才能低買

在本書中已經不只一次強調，投資人操作時一定要嚴守紀律，當進就進，當斷則斷，尤其是指數已經上漲一段之後，居高必須思危，一旦股票出現賣出訊號，千萬不要戀棧，賣股出場就對了。最差的狀況就是你賣掉股票，結果股票又轉折向上，那也沒什麼大不了，只要買進訊號出現，再把股票買回來就好了，又或者，如果投資人不喜歡吃「回頭草」，

再找下一檔也可以，股票市場迷人之處，就是永遠都會有下一檔股票等著你來發掘。只要你有好方法，行情來時不用怕沒股票買。

　　也許有部分投資人會認為，很多大型股票都很穩健，像是摩台成分股、台灣 50 成分股，買進持有、長期存股就可以了。這當然也是一種投資方式，其實，說穿了就是這些年大家再熟悉不過的存股。

　　投資人千萬要明白，穩健不代表不會跌，充其量只能說，當大盤下跌時，有些權值股可能跌幅小一些，但還是會跌。如果今天有方法讓投資人「買低賣高」的成功率增加，加速邁向財務自由的速度，你不會想要嘗試看看嗎？

　　其實，這也是本書的核心概念：教會投資人如何「存飆股」，一舉賺進 5 年，甚至 10 年以上的存股股息。但是，投資人必須學會的是，如果「沒有賣在高點」，當股票回跌下來並且整理一段時間之後，這時再度出現買進訊號，投資人也不會有錢可以買進股票。

　　舉例來說，從圖表 5-3-1 可見，大股本的中鋼（2002）在 2021 年 9 月 15 日當天收盤 39.25 元，且中鋼開始出現「主

力籌碼賣超」以及「K 值打勾向下」（KD 下彎）的賣出訊號，如果這時候沒有出場，再隔一天，中鋼的 KD 值開始空頭交叉向下，型態出現高檔轉弱的標準賣訊（綠色區域），終場下跌收在 38.5 元，還是可以「高賣」。

萬一投資人還是沒有賣出退場，中鋼股價出現高檔轉弱，且主力籌碼持續賣出（藍色區域）的轉弱現象，接著持續向下修正，到了 10 月 13 日一度來到 32.25 元波段低點，短短 1 個月的時間，中鋼股價將近打了 8 折，高低價差高達 7 元。

7 塊錢的價差對於中鋼而言是什麼意義？答案很簡單，過去 10 年中鋼累積配發的現金股利也不過 7.14 元，7 塊錢價差等於是這家公司 10 年的配息。如果投資人能夠在相對高檔賣掉中鋼，並且在相對低檔買回持股，這前後也不過才 1 個月的時間，你一樣持有中鋼的股票，但是手上多了相當於這些股票配息 10 年的錢。

這邊並不是說每個人都是股神，可以剛好賣在最高點，又在最低點買回持股。我要強調的是，用對方法，賣在相對高檔、買在相對低檔，的確可能讓投資人一次賺進好幾年的存股股息，加速邁向財務自由之路。

圖表 5-3-1 → 中鋼（2002）1 個月跌掉 10 年股息

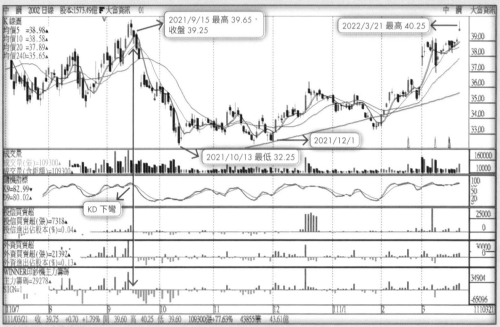

資料來源：大富資訊

💻 **說明**

1. 2021 年 9 月 15 日中鋼收盤 39.25 元，並且出現主力籌碼賣超及 K 值打勾向下的賣出訊號。

2. 隔天中鋼 KD 值開始空頭交叉向下，型態出現高檔轉弱的標準賣訊（綠色區域），終場下跌收在 38.5 元

3. 中鋼股價出現高檔轉弱，且主力籌碼持續賣出（藍色區域）的轉弱現象，股價持續向下修正，10 月 13 日一度來到 32.25 元波段低點。

286

　　股票要做自己熟悉的股票，喜歡操作中鋼的人，中鋼在2021年12月1日股價拉回底部後，主力籌碼開始一直買進，依照「存飆股」的買進 SOP，大約在 33 ～ 34 元布局，漲至2022年3月21日的最高 40.25 元（見圖表 5-3-1），也有 6 ～ 7 元的價差，對比中鋼前 10 年配息，也是相對高的報酬。

5－4
做對投資
提早到達成功彼岸

本書在談的股市獲利方程式不外乎：選擇對的股票，在對的時間進場，之後在對的時間出場。整個投資週期當中，投資人必定會面對股價與消息面的變動，這時候就需要穩健的心理素質，確實遵守「紀律」操作。

3 步驟 選對投資標的

要怎麼挑到「對的標的」？以下提供 3 步驟思維，幫投資人找到答案。

步驟① 掌握大趨勢 挑產業龍頭

「看不懂的公司不要買」，投資人只要秉持這個大原則，

就可以避開許多不必要的研究功夫，以及買進後可能帶來的不確定性風險。這並不是說，投資人一定要了解像是晶圓代工奈米技術等製程微縮的原理如何運作，畢竟這對於一般人實在是外太空的語言。

這裡建議只買看得懂的產業與標的，是指你聽過這家公司，也知道這個產業所提供的產品與服務是什麼，是不是有產業前景或是正在未來大趨勢的風口浪尖上。如果答案為「是」，就可以在這個產業中，尋找其中的龍頭或是具有特殊利基的公司，最好這些公司已經成立多年（10年以上），在市場上早已經歷過景氣循環的洗禮。

步驟② **配息率高且穩健**

我曾在第1章提及，可以從一個關鍵指標來判斷一家公司是不是對股東夠好，那就是：連續多年配息率在7成以上。配息率越高，代表這家公司有能力、也願意把賺來的錢，每一年都分紅給股東，且配息越穩定越好（不宜衰退），如果是每年配息逐漸增加，這對股東來說就更好了。

有一種例外情況可以容忍，那就是多年連續穩健配息當中，曾經出現單一年度配息驟減，像是整體金融環境劇變如

2008 年金融海嘯，或是個別公司因應產業逆風、公司轉型等重大變化。只要具有一定市場定位及穩健財務體質的產業龍頭公司，在大環境穩定或是公司轉型後，往往都能恢復往年的配息水準，甚至更上一層樓。

舉例來說，品牌大廠華碩（2357）在 2016 ～ 2020 年每股盈餘分別為 25.85 元、20.93 元、5.7 元、16.34 元、35.76 元，在繳出獲利成績後，隔年分別配發每股 17 元、15 元、15 元、14 元、26 元的現金股利。這檔獲利績優生幾乎每年都能繳出大賺超過 1 個資本額的成績，為什麼 2018 年每股盈餘驟降到只剩 5.7 元呢？

原來是華碩 2018 年認列歐盟罰鍰、提列舊手機機種業務的一次性停業部門虧損，以及子公司亞旭電腦虧損等總計逾百億元的業內、外損失，導致全年度稅後淨利較上一年大減 73% 只剩 42.35 億元，稅後每股盈餘也大減至 5.7 元，創下 2010 年以來新低點。

雖然華碩 2018 年獲利不佳，但是有 2 點值得注意。一是雖然每股盈餘僅有 5.7 元，華碩董事會仍通過分派每股現金股利 15 元，遵守其自 2017 年啟動集團轉型時，承諾會維

圖表 5-4-1 ➲ 華碩（2357）股價週線圖

資料來源：大富資訊

💻 **說明** ....

1. 2019 年 3 月，華碩宣布 2018 年獲利大減的消息，當月股價最低來到 215.5 元。

2. 華碩股價在 2021 年 5 月一度來到 428 元高價，相較 2019 年 3 月的低檔位置，2 年翻了將近 1 倍。

持 2 年發放至少 15 元股利的政策。這代表經營層對股東的承諾，也象徵這家公司過往累積的保留盈餘等股東權益夠厚實，足以因應公司遭遇逆風時所需的資源。

其次，華碩在 2019 年 3 月宣布 2018 年獲利大減的消息時，當月股價最低來到 215.5 元，最高也不過 228.5 元。隨著華碩獲利回升、再創營運佳績後，才 2 年時間，華碩股價在 2021 年 5 月一度來到 428 元高價，相較 2019 年 3 月的低檔位置，2 年翻了將近 1 倍，同時，華碩 2021 年還通過配發 2020 年每股股息高達 26 元，遠遠高於過去水準。

當然，也有人認為公司把盈餘留在公司，可以當做營運擴充的資源，隨著業績成長，獲利自然也跟著增加，未來也會反應在股價表現上，同樣能讓股東們賺到錢。這種說法我不反對，只是，如果一家公司每年可以穩健高配息，中長期業績與獲利又能夠成長，並且反應在股價表現上，既可以讓股東每年領現金股利，中長期又有股價上漲的資本利得，這樣不是更好嗎？

此外，看到一家公司每年都願意穩健地分配現金股利給股東，而且連續很多年、不論景氣好壞與否，都有能力發放股

息，這就是用實際行動證明公司誠意與經營能力的關鍵指標。

對照之下，有些公司動不動就發布利多消息炒作題材，如果之後訂單、業績與獲利真如他們說的一樣好也就罷了，但根據我多年經驗來看，有些公司「膨風」的成分居多，這樣還不如鎖定本書的核心操作原則：選擇每年有實質獲利與穩健配息的公司，等待起漲點進場，不論是短線賺價差，還是中長線「存飆股」，都可以賺到錢。

除了連續多年高配息率之外，產業與公司的中長期趨勢也必須向上，至於如何尋找趨勢看好的產業，最簡單的方式就是看看近期熱門財經新聞在討論哪些議題，這些通常都是時下交易熱絡且市場關注的焦點，舉例來說，元宇宙、矽晶圓概念等。

這絕對不是叫投資人追高，而是可以將這些股票先列入觀察名單，因為中長線趨勢向上的產業，不會只有短短一波題材就結束，列入觀察之後，可以等待下一波的攻勢。

步驟③ 挑看得懂的籌碼與型態

產業趨勢向上的族群，股價拉回整理時有主力籌碼買進就是底部，投信也買進更好，主力籌碼持續買進，上漲的幅

度就大。主力籌碼一直買進，投信也一直買進，股價形成波段漲幅的機會就大增，切記股價大漲一波後，高檔出現轉弱的賣訊就停利。

股價拉回時，若沒有主力籌碼買進，不要摸底亂搶反彈，不預設股價的漲跌，一切以主力籌碼和型態為依歸，並追蹤公司的基本面，產業發展前景佳、營收與獲利持續成長，自然股價就會向上走，當然主力籌碼也會進駐。

有主力籌碼進買進，投信也共襄盛舉更好，股價又是底底高的多頭型態，就是我們看得懂的籌碼與型態，也是這本書一再強調的核心價值，只要股價維持多頭底底高的前進慣性，出現拉回整理末端的跡象，就把握再次逢低買進的機會，即所謂的「籌碼加分題」，要積極買進。當然，在股市中隨時要做好資金的控制，一直是極為重要的事。

▍選對時間 進出場有憑有據

選擇對的時間進場與出場，其實就是要投資人遵守紀律，看到買進訊號進場，看到賣出訊號出場，對於股價表現不能預設立場。原則上，站在買方思考，就是要找型態比大

盤強勢的標的，或至少和大盤同步走勢而且主力籌碼買超的股票。

當大盤拉回修正整理時，產業與族群個股的跌幅相對比較小，甚至能夠逆勢往上走，同時還見到主力籌碼繼續買進，這類股票有相當大的機會成為下一波主流股。通常，主流族群會有相似的籌碼慣性，白話地說，就是會有母雞帶小雞的效應，例如 2021 年上半年強勢上漲的貨櫃航運族群、IC 設計、高速傳輸介面 IC 等族群。

如果大盤處於趨勢較不明顯的橫盤整理期間，投資人可以留意口袋觀察名單的股票，看看最近 1、2 個月股價「上下箱型整理」期間的籌碼變化，一旦發現主力籌碼持續買進，如果又有投信法人也跟著進場更好，代表主力與法人已經嗅到公司將有好事發生的味道，這時候投資人就可以跟著主力籌碼進場布局。

紀律操作說來簡單，執行上常常會受到外界消息面及個人心理層面的影響，因此，除了再三提醒要依照買進與賣出訊號，確實執行進場與出場動作之外，還要強調資金配置及停損處理。

分批布局 若趨勢不如預期須判斷出場

　　資金配置的最重要原則，就是實際投資資金不能超過總資金的 8 成，這 8 成資金可以布局 2 ～ 5 檔股票，舉例來說，如果投資人有 100 萬元資金，最多只能買進 80 萬元等值股票，如果挑了 3 檔標的，資金可以分配成 27 萬元、27 萬元、26 萬元。

　　此外，買進時最好分 2 次進場，換言之，第 1 檔股票進場時先買進三分之一（約 9 萬元），之後再伺機買進另外三分之二。不過，如果投資人有時間盯盤，可以即時掌握籌碼、型態等狀況，也可以分 2 次買進持股。

　　至於停損，只要是在「拉回底部」進場後又跌破底部，就必須停損，因為這代表有意外狀況發生。舉例來說，1 檔股票的拉回底部最低點是 50 元，投資人等到買進訊號出現時進場，買進價格是 51 元，之後股價走勢不如預期，出現中長黑帶量下殺破 50 元，就必須嚴守紀律，斷然出場。千萬要記住，抱錯比賣錯更不好，不要硬撐不賣，以免越陷越深。

　　祝福每位投資人讀完本書後，都可以加快邁向財富自由的腳步。

✎投資筆記

✎投資筆記

投資筆記

存飆股 1次賺進10年股息
簡單3步驟 每次都讓你買在起漲點

作　　者：林上仁、郭勝

採訪整理：劉宗志

總 編 輯：張國蓮

副總編輯：李文瑜

責任編輯：王怡雯

美術設計：楊雅竹

董 事 長：李岳能

發　　行：金尉股份有限公司

地　　址：新北市 220 板橋區文化路一段 268 號 20 樓之 2

電　　話：02-2258-5388

傳　　真：02-2258-5366

讀者信箱：moneyservice@cmoney.com.tw

製版印刷：科樂股份有限公司

總 經 銷：聯合發行股份有限公司

初版 1 刷：2022 年 7 月

初版 4 刷：2022 年 8 月

定　　價：420 元

國家圖書館出版品預行編目(CIP)資料

存飆股1次賺進10年股息:簡單3步驟 每次都讓你
買在起漲點 / 林上仁、郭勝著 . -- 初版 . -- 新北市:
金尉股份有限公司 , 2022.07　面;　公分
ISBN 978-986-06732-3-4 (平裝)

1.CST: 股票投資 2.CST: 投資分析 3.CST: 投資技術
563.53　　　　　　　　　　　111006580